중국어
덕후 ▶
현정쌤의

50일

지금 당장 중국에서 써먹는
100가지 상황별 표현

드라마

중국어
말하기

[원어민 어감 살리기 편]

우리는 어떤 중국어로 말하고 있나요?

의기소침한 상대에게
용기와 확신을 심어줄 때

肯定好做...?
분명 잘 해낼 거야...?

👍 **肯定**没问题。

(분명 문제가 없어.)
분명 잘 해낼 거야!

有我...?
내가 있잖아...?

침울해하거나 무서워하는 상대에게
옆에서 안심시켜 줄 때

👍 **有我在**呢。

내가 있잖아. (걱정 마.)

원어민스러운 중국어는?

☑ **원어민이 표현하는 방식으로 말해야 해요.**

☑ **상황 맥락에 맞는 뉘앙스로 말할 수 있어야 해요.**

감정을 보다 정확하게 전달하고 어감을 살리는 요소(어기조사 등)에 대한
감을 익히고 사용하는 방법에 익숙해져야 해요.

중국인이 실생활에서 쓰는 현실 표현으로의 '말 습관'을 장착해 보세요!

- ☑ 언제 시간 돼?
- ☑ 잘 생각해 봤어?
- ☑ 무슨 일 있는 건 아니지?
- ☑ 절대 마음에 두지 마.
- ☑ 나한테 맡겨.
- ☑ 진짜 일부러 그런 게 아니야.
- ☑ 솔직하게 말할게.
- ☑ 그냥 물어 본 거야.
- ☑ 걔랑 말이 정말 잘 통해.
- ☑ 어쩜 이렇게 맛있냐!
- ☑ 내가 한턱낼게.
- ☑ 해 보지도 않고 어떻게 알아?
- ☑ 방법이 생각났어.
- ☑ 아 그렇구나. (그랬구나.)
- ☑ 생각도 하지 마. (꿈도 꾸지 마.)

이 책의 구성

각 대화 SCENE의 대표 문장이 쓰이는 상황 맥락을 살펴 보세요.

006　크게 신경 쓰지 않아도 될 때　　　　MP3 011

应该没事吧。
Yīnggāi méishì ba.

(아마) 괜찮을 거야.

대표 문장과 대화문을 MP3 음원으로 반복적으로 들어 보며 원어민 발음에 익숙해지는 것이 중요해요.

현실 드라마에서 엿볼 직한, 실생활에서 유용하게 쓰이는 알짜배기 표현들을 실제 원어민이 사용하는 어감의 표현으로 100개를 담아 보았어요.

✅ 应该 ~ 吧 = (아마) ~할 것이다, (아마) ~겠지

✅ 应该(~할 것이다, ~겠지)는 강한 추측의 느낌을 갖고 있으며, '마땅히 ~해야 한다'라는 의미로도 쓰여요.

✅ 吧는 어기조사로 문장 끝에 붙어 추측의 의미를 나타내고 있어요. 성조 없이 경성으로 가볍게 읽어 주면 됩니다.

✅ 应该(~할 것이다) + 没事(일이 없다) + 吧(~겠지)。
= 일이 없을 것이다. ▶ (아마) 괜찮을 거야. / 괜찮겠지.

대표 문장에 쓰인 핵심 표현/구문을 짚고 갈게요!

핵심 어휘 체크는 필수!
대표 문장이 어떻게 만들어 지고 해당 의미를 갖게 되는 지 이해할 수 있어요. 원어민 이 말하는 방식과 뉘앙스 를 자연스럽게 습득할 수 있어요!

DRAMA ON

怎么办，她要的咖啡，我点成了冰的。
Zěnmebàn, tā yào de kāfēi, wǒ diǎn chéng le bīng de.
어떡하지, 걔 뜨거 (내가) 차가운 걸로 주문했어.

应该没事吧。
Yīnggāi méishì ba.
(아마) 괜찮을 거야.

那就好。
Nà jiù hǎo.
그럼 다행이고.

대표 문장이 실제 대화에서 어떻게 쓰이는지 이해하고 습득할 수 있도록 드라마의 한 장면을 보는 것처럼 재미있게 구성해 보았어요.

📢 주인공 발음 장착하기!

☐☐☐　怎么办，她要的咖啡，我点成了冰的。

☐☐☐　应该没事吧。

☐☐☐　那就好。

마치 내가 드라마의 주인공이 된 것처럼 소리내어 말하기 연습을 해 보세요!

각 문장마다 세 번씩 원어민 발음을 듣고 따라 읽은 후 체크 박스에 표시하세요.

怎么办 zěnmebàn 어떡하지　点 diǎn 주문하다　冰 bīng 차다　应该 yīnggāi (아마) ~할 것이다
没事 méishì 별 일 없다　吧 ba 문장 끝에 쓰여 추측을 나타냄　那就 nà jiù 그러면 그렇게 되면

25

대화문에 쓰인 어휘도 짚고 가야 하겠죠?

10개의 SCENE마다 학습한 내용을 복습해 볼 수 있는 대화문 Quiz를 풀어 보세요.

100개의 중국어 표현 한눈에 훑어보기!

교재에서 배운 대표 문장 100개를
한눈에 훑어볼 수 있도록
표현 모음을 부록으로 제공합니다.

잊은 내용이 있을 경우
해당 페이지로 가서
다시 한번 복습하세요!

유튜브 영상과 함께 하세요!

중국어 선생님들의
발음 선생님

검색창에 중국어덕후 박현정을 검색하세요! 🔍

교재의 내용을 유튜브 영상을 통해서도 만나 보세요!
중국어덕후 현정쌤의 발음 코칭으로 말하기 훈련을 하면서
학습 효과를 높일 수 있어요!

이 책의 목차

자신의 학습 속도에 맞춰 2개의 SCENE씩 50일 학습
또는 1개의 SCENE씩 100일 완성으로 학습해 보세요!

학습 완료
CHECK!
▼

001   002   003   004   005

你什么时候有空?

Nǐ shénme shíhou yǒu kòng?

너 언제 시간 돼?

 有空 = 짬/시간이 있다

 空은 '빌 공'이라는 한자로, 짬/시간 이라는 의미로 해석할 수 있어요. 또한 성조에 따라 의미가 달라져요! 4성으로 읽으면 '짬, 시간', 1성으로 읽으면 '텅 비어 있다'라는 뜻이예요.

 你(주어) + **什么时候**(시간) + **有**(술어) + **空**(목적어)?

= 너 언제 시간 있어? → 문맥상 자연스럽게 '(너) 언제 시간 돼(괜찮아)?'라고 해석할 수 있어요.

你什么时候有空?
Nǐ shénme shíhou yǒu kòng?
너 언제 시간 돼?

我周末有空，什么事儿啊?
Wǒ zhōumò yǒu kòng, shénme shìr a?
나 주말에 시간 되는데, 무슨 일이야?

要不要一起去看电影?
Yào bu yào yìqǐ qù kàn diànyǐng?
같이 영화 보러 갈래?

📢 주인공 발음 장착하기!

MP3 002

☐☐☐ 你什么时候有空?

☐☐☐ 我周末有空，什么事儿啊?

☐☐☐ 要不要一起去看电影?

什么时候 shénme shíhou 언제 · 空 kòng 틈. 짬. 겨를 · 周末 zhōumò 주말 · 什么 shénme
무엇. 무슨 · 要 yào 원하다 · 电影 diànyǐng 영화

你想好了吗?

Nǐ xiǎng hǎo le ma?

잘 생각해 봤어?

 想好了 = 잘/다 생각했다

 好는 '잘 완성되거나 마무리된 결과'를 나타내는 결과보어로 동사 뒤에 쓰여 행위의 결과를 표현합니다. 위에서와 같이 문맥상 '잘/다 (~하다)' 라고 해석하면 자연스러워요.

 你(주어) + 想(동사) + 好(결과보어) + 了(동작의 완료) + 吗(의문조사)?
= 너 잘/다 생각해 봤어?

去旅游的事儿，你想好了吗?
Qù lǚyóu de shìr, nǐ xiǎng hǎo le ma?
여행 가는 거 (너 잘) 생각해 봤어?

我再考虑考虑。
Wǒ zài kǎolǜ kǎolǜ.
좀 더 생각해 볼게.

一起去吧，那里很好玩儿!
Yìqǐ qù ba, nàli hěn hǎowánr!
같이 가자, 거기 진짜 재밌어!

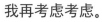 주인공 발음 장착하기!

MP3 004

☐☐☐　去旅游的事儿，你想好了吗?

☐☐☐　我再考虑考虑。

☐☐☐　一起去吧，那里很好玩儿!

旅游 lǚyóu 여행하다 · 事儿 shìr 일. 사건 · 再 zài 또. 더 · 考虑 kǎolǜ 고려하다. 생각하다 ·
一起 yìqǐ 같이 · 那里 nàli 그 곳 · 好玩儿 hǎowánr 재미 있다. 놀기가 좋다

你到底去不去啊?

Nǐ dàodǐ qù bu qù a?

대체 갈 거야, 안 갈 거야?

 到底 = 도대체, 대체

 到底는 정반(긍정+부정)의문문 형태와 자주 함께 사용해요.
→ **你到底去不去啊?** = 너 도대체 갈 거야, 안 갈 거야?
주의할 점은 **到底**는 吗와 함께 쓰일 수 없어요.
→ **你到底去吗?**(×)

 你(너) + **到底**(대체) + **去不去**(가, 안가) + **啊**(재촉의 어기)?
= 대체 갈 거야, 안 갈 거야?
(*啊와 같은 어기조사는 문장 끝에 붙어서 화자의 의도, 기분, 심정 등
을 나타내어 어감을 조율해 줘요.)

你到底去不去啊?
Nǐ dàodǐ qù bu qù a?
대체 갈 거야, 안 갈 거야?

我还没想好呢。
Wǒ hái méi xiǎng hǎo ne.
아직 결정 못했어.

那里真的很好玩，你一定要去一次。
Nàli zhēnde hěn hǎowán, nǐ yídìng yào qù yí cì.
거기 진짜 재밌더라, 꼭 한번 가 봐.

 주인공 발음 장착하기!

MP3 006

◻◻◻　你到底去不去啊?

◻◻◻　我还没想好呢。

◻◻◻　那里真的很好玩，你一定要去一次。

到底 dàodǐ 도대체 · 还 hái 아직 · 没(有) méiyǒu ~하지 않았다 · 真的 zhēnde 정말로, 진짜
· 一定 yídìng 반드시, 꼭 · 要 yào ~해야 한다

你在这儿干吗呢?

Nǐ zài zhèr gànmá ne?

여기서 뭐 해?

 干吗? / 做什么? = 뭐 해?

 일상생활에서는 **干吗**라는 표현을 더 많이 사용해요.
→ 你在这儿<u>干吗</u>呢? / 你在这儿<u>做什么</u>呢? = 너 여기서 <u>뭐 해</u>?

 呢는 의문문 끝에 붙어 부드러운 어감을 표현하며 위의 문장에서와 같이 의미(화자의 궁금증)를 강조할 수 있어요.

 你(주어) + 在这儿(개사구) + 干吗(술어) + 呢(의문의 어기)?
= 너 여기서 뭐 해?

你在这儿干吗呢?
Nǐ zài zhèr gànmá ne?
여기서 뭐 해?

买早点啊。
Mǎi zǎodiǎn a.
아침밥 사려고.

好巧啊，我也经常在这儿买。
Hǎo qiǎo a, wǒ yě jīngcháng zài zhèr mǎi.
이런 우연이, 나도 여기서 자주 사는데.

📢 주인공 발음 장착하기!   MP3 008

☐☐☐   你在这儿干吗呢?

☐☐☐   买早点啊。

☐☐☐   好巧啊，我也经常在这儿买。

干吗 gànmá 뭐 해? · 早点 zǎodiǎn 아침 식사 · 巧 qiǎo 공교롭다 · 也 yě ~도 또한 · 经常 jīngcháng 자주

你怎么会在这儿?

Nǐ zěnme huì zài zhèr?

왜 여기에 있어?

 怎么会 = 어떻게 ~일 수가 있어

 怎么(어떻게, 어째서) + 会(~할 것이다)
→ 예상하지 못했거나 믿기 어려운 사실을 듣고 놀랐을 때 사용할 수 있는 표현이에요.

 你怎么会在这儿? = 너 어째서 여기에 있을 수 있어?
→ 일상 대화에서 자연스럽게 '네가 어떻게 여기에 있어? (너 왜 여기 있어?)'라고 해석하면 돼요. 대화문에서와 같이 맥락상 반가움과 놀람 섞인 뉘앙스로 표현될 수 있어요.

你怎么会在这儿?
Nǐ zěnme huì zài zhèr?
(너) 왜 여기에 있어?

我在等朋友呢，你呢?
Wǒ zài děng péngyou ne, nǐ ne?
(난) 친구 기다리고 있지, 너는?

我出来买个东西。
Wǒ chūlái mǎi ge dōngxi.
난 물건 사러 나왔어.

🔊 주인공 발음 장착하기!

MP3 010

☐☐☐ 你怎么会在这儿?

☐☐☐ 我在等朋友呢，你呢?

☐☐☐ 我出来买个东西。

怎么 zěnme 어째서, 왜 · 会 huì ~할 것이다 · 在 zài ~에 있다, ~하고 있는 중이다 · 等 děng 기다리다 · 呢 ne 서술문의 끝에 써서 사실을 확인하는 어기를 나타냄 · 出来 chūlái 나오다 · 个 ge 개 · 东西 dōngxi 물건

应该没事吧。

Yīnggāi **méishì** ba.

(아마) 괜찮을 거야.

 应该 ~ 吧 = (아마) ~할 것이다, (아마) ~겠지

 应该(~할 것이다, ~겠지)는 강한 추측의 느낌을 갖고 있으며, '마땅히 ~해야 한다'라는 의미로도 쓰여요.

 吧는 어기조사로 문장 끝에 붙어 추측의 의미를 나타내고 있어요. 성조 없이 경성으로 가볍게 읽어 주면 됩니다.

 应该(~할 것이다) + **没事**(일이 없다) + **吧**(~겠지)。
= 일이 없을 것이다. ▶ (아마) 괜찮을 거야. / 괜찮겠지.

怎么办，她要的咖啡，我点成了冰的。
Zěnmebàn, tā yào de kāfēi, wǒ diǎn chéng le bīng de.
어떡하지, 걔 커피 (내가) 차가운 걸로 주문했어.

应该没事吧。
Yīnggāi méishì ba.
(아마) 괜찮을 거야.

那就好。
Nà jiù hǎo.
그럼 다행이고.

 주인공 발음 장착하기!

MP3 012

☐☐☐ 怎么办，她要的咖啡，我点成了冰的。

☐☐☐ 应该没事吧。

☐☐☐ 那就好。

怎么办 zěnmebàn 어쩌지 · 点 diǎn 주문하다 · 冰 bīng 차다 · 应该 yīnggāi (아마) ~할 것이다
· 没事 méishì 별일 없다 · 吧 ba 문장 끝에 쓰여 추측을 나타냄 · 那就 nà jiù 그러면, 그렇다면

25

不会有什么事吧?

Búhuì yǒu shénme shì ba?

무슨 일 있는 건 아니지?

 不会~吧? = ~하지는 않겠지?

 不(부정) + **会**(~할 것이다) = ~하지 않을 것이다

不会 + **吧**(추측의 어기) = ~하지는 않겠지

 不会(~하지 않을 것이다) + **有**(있다) + **什么事**(무슨 일) + **吧**(추측의 어기)?

= 무슨 일 있는 건 아니(겠)지?

王娜，你不会有什么事吧?
Wáng Nà, nǐ búhuì yǒu shénme shì ba?
왕나야, 너 무슨 일 있는 건 아니지?

怎么了?
Zěnme le?
왜 그러는데?

你手机一直关机，好担心你啊。
Nǐ shǒujī yìzhí guānjī, hǎo dānxīn nǐ a.
네 핸드폰 계속 꺼져 있어서 걱정했어.

 주인공 발음 장착하기!

MP3 014

☐☐☐ 王娜，你不会有什么事吧?

☐☐☐ 怎么了?

☐☐☐ 你手机一直关机，好担心你啊。

不会 búhuì ~하지 않을 것이다 · 什么 shénme 아무런 (불확정적인 것을 나타냄) · 怎么了
zěnme le 무슨 일이야 · 手机 shǒujī 핸드폰 · 一直 yìzhí 계속 · 关机 guānjī 전원을 끄다 ·
好 hǎo 아주 · 担心 dānxīn 걱정하다

我怎么不记得了?

Wǒ zěnme **bú jìde le?**

나 왜 기억이 안 나지?

 怎么 = 왜, 어째서, 어떻게(어떤 이유로, 무슨 까닭으로)

 怎么(왜)는 동일한 뜻을 지닌 **为什么**보다 완곡하게 원인이나 이유를 물을 때 사용해요. 위에서와 같이 누군가의 행동이 납득이 안 가고 이해가 잘 안 가는 맥락에서는 '어째서(어쩌다가)'라는 뉘앙스를 나타내요.

 我(나) + **怎么**(왜) + **不**(부정을 나타냄) + **记得**(기억하고 있다) + **了**(상태 변화의 어기)?
= 나 왜 기억이 안 나게 되었지? ▶ 나 왜 기억이 안 나지?

我们的房卡你放哪儿了?

Wǒmen de fángkǎ nǐ fàng nǎr le?

우리 방 카드 너 어디다 뒀어?

唉? 我怎么不记得了?

Yí? Wǒ zěnme bú jide le?

어? 나 왜(어째서) 기억이 안 나지?

你再好好儿找一下。

Nǐ zài hǎohāor zhǎo yíxià.

다시 잘 찾아 봐.

📢 주인공 발음 장착하기!

MP3 016

☐☐☐ 我们的房卡你放哪儿了?

☐☐☐ 唉? 我怎么不记得了?

☐☐☐ 你再好好儿找一下。

房卡 fángkǎ 방 카드 · 放 fàng 두다. 놓다 · 记得 jide 기억하고 있다 · 好好儿 hǎohāor 잘.
충분히 · 找 zhǎo 찾다 · 一下 yíxià 좀 ~하다

你找我有事吗?

Nǐ zhǎo wǒ yǒu shi ma?

어떤 일로 저를 찾으시는 거죠?

 找我有事吗? = 어떤 일로 저를 찾으시는 거죠?

 找 + A + **有事** = A에게 볼일이 있다

→ **找你有事** = 당신에게 볼일이 있어요

 你(당신) + **找我**(나를 찾는다) + **有事吗?**(일 있나요?)

= 당신이 저를 찾을 일이 있나요? ▶ 어떤 일로 저를 찾으시는 거죠?

(맥락상 '어떤 일로 오셨어요?'라고도 해석 가능)

→ 친구끼리 대화에서는 자연스럽게 '무슨 일인데?'와 같은 말로 소통

돼요.

王娜，我终于找到你了！
Wáng Nà, wǒ zhōngyú zhǎodào nǐ le!
왕나, 너 여기 있었구나(드디어 너를 찾았어)!

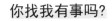

你找我有事吗?
Nǐ zhǎo wǒ yǒu shì ma?
무슨 일인데?

我有个东西要给你。
Wǒ yǒu ge dōngxi yào gěi nǐ.
너한테 줄 게 (하나) 있어서.

 주인공 발음 장착하기!

MP3 018

☐☐☐ 王娜，我终于找到你了！

☐☐☐ 你找我有事吗?

☐☐☐ 我有个东西要给你。

终于 zhōngyú 마침내. 결국 · 找到 zhǎodào 찾다 · 东西 dōngxi 물건 · 给 gěi 주다

你怎么了?

Nǐ zěnme le?

너 왜 그래(무슨 일 있어)?

 怎么了 = 왜 그래 / 무슨 일이야

 怎么(어째서, 어떻게) + **了**(상태 변화의 어기)?
= 왜 그래? (*여기서 **了**는 맥락상 표정·기분의 변화를 나타내요.)

 你(주어) + **怎么**(의문사) + **了**(상태 변화의 어기)?
= 너 왜 그래? / 무슨 일 있어?
→ 상대방 표정이 안 좋거나, 기분이 안 좋아보일 때 걱정하는 뉘앙스
를 나타내요.

你怎么了?
Nǐ zěnme le?
너 왜 그래(무슨 일 있어)?

今天跟男朋友吵架了。
Jīntiān gēn nánpéngyou chǎojià le.
오늘 남자친구랑 싸웠어.

不要不开心了，我请你吃好吃的!
Búyào bù kāixīn le, wǒ qǐng nǐ chī hǎochī de!
시무룩해하지 마, 내가 맛있는 거 사줄게!

📢 주인공 발음 장착하기!

MP3 020

☐☐☐ 你怎么了?

☐☐☐ 今天跟男朋友吵架了。

☐☐☐ 不要不开心了，我请你吃好吃的!

今天 jīntiān 오늘 · 跟 gēn ~와 · 男朋友 nánpéngyou 남자친구 · 吵架 chǎojià 말 다툼하다
开心 kāixīn 유쾌하다. 즐겁다 · 请 qǐng 한턱내다 · 好吃 hǎochī 맛있다

33

① 你_____?

너 언제 시간 돼?

我周末有空, _____啊? ②

나 주말에 시간 되는데, 무슨 일이야?

③ 去旅游的事儿, 你_____?

여행 가는 거 (너 잘) 생각해 봤어?

我再_____。 ④

좀 더 생각해 볼게.

⑤ 你_____去不去啊?

대체 갈 거야, 안 갈 거야?

我还_____呢。 ⑥

아직 결정 못했어.

⑦ 你_____呢?

여기서 뭐 해?

_____啊。 ⑧

아침밥 사려고.

⑨ 你_____在这儿?

(너) 왜 여기에 있어?

我出来_____。 ⑩

난 물건 사러 나왔어.

---

① 什么时候有空 ② 什么事儿 ③ 想好了吗 ④ 考虑考虑 ⑤ 到底
⑥ 没想好 ⑦ 在这儿干吗 ⑧ 买早点 ⑨ 怎么会 ⑩ 买个东西

⑪ **怎么办, 她要的咖啡, 我_____。**

어떡하지, 걔 커피 (내가) 차가운 걸로 주문했어.

应该_____。 ⑫

(아마) 괜찮을 거야.

⑬ **老王, 你_____有什么事吧?**

라오왕, 너 무슨 일 있는 건 아니지?

_____? ⑭

왜 그러는데?

⑮ **我们的房卡你_____?**

우리 방 카드 너 어디다 뒀어?

咦? 我怎么_____? ⑯

어? 나 왜(어째서) 기억이 안 나지?

⑰ **老王, 我终于_____!**

라오왕, 너 여기 있었구나!(드디어 너를 찾았어!)

你_____吗? ⑱

무슨 일인데?

⑲ **今天跟男朋友_____。**

오늘 남자친구랑 싸웠어.

不要不开心了, _____吃好吃的! ⑳

시무룩해하지 마, 내가 맛있는 거 사줄게!

---

⑪ 点成了冰的 ⑫ 没事吧 ⑬ 不会 ⑭ 怎么了 ⑮ 放哪儿了
⑯ 不记得了 ⑰ 找到你了 ⑱ 找我有事 ⑲ 吵架了 ⑳ 我请你

DRAMA

SCENE 011~020

학습 완료
CHECK!

011   012   013   014   015

你跟他进展到哪一步了?

Nǐ gēn tā jìnzhǎn dào nǎ yí bù le?

너 개랑 (관계가) 어디까지 진전됐어?

 进展到哪一步了? = (관계가) 어디까지 진전됐어?

 进展 = 진전하다

进展到(~까지 진전되다) + **哪一步**(어느 상태/단계) + **了**(상태변화의 어기)?

= (관계가) 어디까지 진전됐어?

 你(주어) + **跟他**(개사구) + **进展**(술어) + **到**(보어) + **哪一步**(목적어) + **了**(상태변화의 어기)?

= 너는 개랑 (관계가) 어디까지 진전된 거야? / 개랑 어디까지 (관계가) 발전했어?

你跟他进展到哪一步了？

Nǐ gēn tā jìnzhǎn dào nǎ yí bù le?

너 걔랑 (관계가) 어디까지 진전됐어?

什么呀！那是我的隐私。

Shénme ya! Nà shì wǒ de yǐnsī.

뭐(라는 거)야! 그건 내 프라이버시야.

好好好，我尊重你的隐私！

Hǎo hǎo hǎo, wǒ zūnzhòng nǐ de yǐnsī!

그래 그래(알겠어), 난 너의 프라이버시를 존중해!

📢 주인공 발음 장착하기!

MP3 022

◯◯◯ 你跟他进展到哪一步了？

◯◯◯ 什么呀！那是我的隐私。

◯◯◯ 好好好，我尊重你的隐私！

进展 jìnzhǎn 진전하다 · **哪** nǎ 어느 · **一步** yí bù 한 단계, 한 걸음 · **什么** shénme 뭐 (불만이나 놀람을 나타냄) · **隐私** yǐnsī 프라이버시(사생활) · **尊重** zūnzhòng 존중하다

想哭就哭吧。

xiǎng kū jiù kū ba.

울고 싶으면 울어.

 想~就~ = ~하고 싶으면 ~해

 想 = ~하고 싶다, 就 = ~면

 想 + A(동사) + 就 + A/B(동사) = A하고 싶으면 A/B해
→ 동사 자리에 동일한 동사가 쓰일 수도 있고 각기 다른 동사가 쓰일
수도 있어요.

 想(~하고 싶다) + 哭(울다) + 就(~면) + 哭(울다) + 吧(권유, 제안의 어
기)。 = 울고 싶으면 울어.

我跟她分手了。
Wǒ gēn tā fēnshǒu le.
나 걔랑 헤어졌어.

受苦了受苦了，想哭就哭吧。
Shòukǔ le shòukǔ le, xiǎng kū jiù kū ba.
힘들었겠다 힘들었겠어, 울고 싶으면 울어.

我怕我忘不了她，怎么办。
Wǒ pà wǒ wàngbuliǎo tā, zěnmebàn.
나 걔 못 잊을 것 같은데, 어떡하지.

 주인공 발음 장착하기!　　　　　　　　　MP3 024

⬜⬜⬜　我跟她分手了。

⬜⬜⬜　受苦了受苦了，想哭就哭吧。

⬜⬜⬜　我怕我忘不了她，怎么办。

分手 fēnshǒu 헤어지다. 이별하다 · **受苦** shòukǔ 고생하다. 괴로움을 당하다 · **想** xiǎng ~하고
싶다 · **哭** kū 울다 · **就** jiù ~면. ~인 이상 · **怕** pà 근심하다. 걱정이 되다 · **忘不了** wàngbuliǎo
잊을 수 없다. 잊지 못하다

你千万别往心里去。

Nǐ qiānwàn biè wǎng xīnli qù.

절대 마음에 담아 두지 마.

 别往心里去 = 마음에 담아 두지 마

 千万(절대로, 제발, 부디) + **别**(~하지 마) = 절대 ~하지 마
→ 당부할 때 사용해요.

 往心里(마음 쪽으로) + **去**(가다)
= 마음에 담아 두다

 你(주어) + **千万**(부사) + **别**(부사) + **往心里**(개사구) + **去**(술어)。
= 너 절대 마음에 담아 두지 마.

我错了，你千万别往心里去。
Wǒ cuò le, nǐ qiānwàn bié wǎng xīnli qù.
내가 잘못했어, 마음에 담아 두지 마.

我想一个人静静。
Wǒ xiǎng yí ge rén jìng jing.
나 혼자 있고 싶어.

好，你先冷静一下。
Hǎo, nǐ xiān lěngjìng yíxià.
그래, 일단 진정해.

 주인공 발음 장착하기!

MP3 026

▢▢▢　我错了，你千万别往心里去。

▢▢▢　我想一个人静静。

▢▢▢　好，你先冷静一下。

错 cuò 틀리다 · 千万 qiānwàn 제발, 절대로 · 别 bié ～하지 마라 · 往 wǎng ～ 쪽으로 · 心里
xīnli 마음 속 · 一个人 yí ge rén 한 사람, 혼자서 · 静 jìng 조용히 하다, 차분히 하다

你先消消气啊。

Nǐ xiān xiāoxiao qì a.

일단 화 좀 가라앉혀.

 消消气 = 화를 좀 가라앉히다

 消 [동사] 좋지 않은 기분을 풀다(없애다) + **气** [목적어] 화
= 화를 풀다, 진정하다

 이합동사(동사+목적어 형태)의 중첩 = AAB 형태
→ 동사의 중첩은 '동작의 가벼움(~ 좀 하다)'을 나타내요.
e.g. **消消气** (화를 좀 가라앉히다) / **唱唱歌** (노래를 좀 하다)

 你(주어) + **先**(부사) + **消消气**(술어) + **啊**(재촉의 어기)。
= 너 일단 화 좀 가라앉혀.

你先消消气啊。
Nǐ xiān xiāoxiao qì a.
일단 화 좀 가라앉혀.

他怎么能这样说呢?
Tā zěnme néng zhèyàng shuō ne?
걔는 어떻게 이렇게 말할 수 있어?

他还小嘛，你别往心里去。
Tā hái xiǎo ma, nǐ bié wǎng xīnli qù.
걔 아직 어리잖아, 마음에 담아 두지 마.

🔊 주인공 발음 장착하기!

MP3 028

☐☐☐　你先消消气啊。

☐☐☐　他怎么能这样说呢?

☐☐☐　他还小嘛，你别往心里去。

先 xiān 먼저. 우선 · 消气 xiāoqì 화를 풀다. 진정하다 能 néng ~할 수 있다 这样 zhèyàng
이렇게 · 还 hái 아직 · 小 xiǎo 나이가 어리다 · 嘛 ma 뚜렷한 사실을 강조할 때 쓰이는 어기조사

你不要害怕。

Nǐ búyào hàipà.

걱정 마(겁내지 마).

 不要害怕 = 걱정 마(무서워하지 마, 겁내지 마)

 不要/别 + 동사 = ~하지 마(금지)

 不要/别 + 동사 + 了 = ~하지 마
→ 어기조사(了)가 붙어 부드러운 어감으로 표현될 수 있어요.
e.g. 不要迟到了。 = 지각하지 마. / 别忘了。 = 잊지 마.

 你(주어) + 不要(부사) + 害怕(술어)。
= 걱정 마(무서워하지 마 / 겁내지 마).

如果这次考试不及格，怎么办？
Rúguǒ zhècì kǎoshì bù jígé, zěnmebàn?
이번 시험에 떨어지면 어떡하지?

不要害怕，你一定可以的！
Búyào hàipà, nǐ yídìng kěyǐ de!
걱정 마, 넌 할 수 있어!

谢谢，有你真好。
Xièxie, yǒu nǐ zhēn hǎo.
고마워, 힘이 되네(네가 있어서 진짜 좋다).

📢 주인공 발음 장착하기!

MP3 030

☐☐☐　如果这次考试不及格，怎么办？

☐☐☐　不要害怕，你一定可以的！

☐☐☐　谢谢，有你真好。

如果 rúguǒ 만약 · **这次** zhècì 이번 · **考试** kǎoshì 시험 · **及格** jígé 합격하다 · **害怕** hàipà
두려워하다, 무서워하다 · **一定** yídìng 반드시, 꼭 · **真** zhēn 정말로

肯定没问题。

kěndìng méi wèntí.

분명 잘 해낼 거야.

 肯定 = 분명, 반드시, 꼭

 위의 문장에서 추측, 판단의 의미로 사용된 **肯定** 대신 **一定**(반드시, 필히)으로 바꿔서 말할 수도 있어요.

 肯定(분명) + **没**(= **没有** 없다) + **问题**(문제)**。**

= 분명 문제없어. ▶ 분명 잘 해낼 거야.

→ 부정을 나타낼 때는 **肯定** 뒤에 **不** 혹은 **没有**를 붙여서 말하면 돼요.

我明天参加比赛，好紧张啊。
Wǒ míngtiān cānjiā bǐsài, hǎo jǐnzhāng a.
나 내일 경기 있는데, 너무 긴장돼.

你肯定没问题。
Nǐ kěndìng méi wèntí.
넌 분명 잘 해낼 거야.

谢谢，我会加油的。
Xièxie, wǒ huì jiāyóu de.
고마워, 잘해 볼게.

📢 주인공 발음 장착하기!

MP3 032

☐☐☐　我明天参加比赛，好紧张啊。

☐☐☐　你肯定没问题。

☐☐☐　谢谢，我会加油的。

明天 míngtiān 내일 · 参加 cānjiā 참가하다 · 比赛 bǐsài 시합 · 紧张 jǐnzhāng 긴장하다 ·
肯定 kěndìng 반드시, 꼭 · 没问题 méi wèntí 문제없다 · 加油 jiāyóu 힘을 내다. 기운을 내다

早点儿回来。

Zǎo diǎnr huílái.

(조금/좀) 일찍 와.

 早(一)点儿 = 조금/좀 일찍

 早(이르다) + **一点儿**(조금/좀) + **回来**(돌아오다)
= 조금/좀 일찍 (돌아) 와

 술어(동사/형용사) + **(一)点儿**
→ 一点儿은 술어 뒤에 쓰여서 <u>비교의 의미</u>(기준보다 '조금/좀~하다')를 가
집니다. 참고로 수사 一은 문장 중간에 쓰이는 경우엔 생략할 수 있어요.

 早点儿(부사어) + **回来**(술어)。
= 조금/좀 일찍 돌아 와. ▶ 조금/좀 일찍 와. ▶ 늦지마.

今晚你会晚回来吗?
Jīnwǎn nǐ huì wǎn huílái ma?
너 오늘 저녁에 늦게 와?

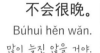

不会很晚。
Búhuì hěn wǎn.
많이 늦진 않을 거야.

那你要早点儿回来啊，一起吃晚饭。
Nà nǐ yào zǎo diǎnr huílái a, yìqǐ chī wǎnfàn.
좀 일찍 와야 해, 같이 저녁 먹게.

📢 주인공 발음 장착하기!

MP3 034

☐☐☐ 今晚你会晚回来吗?

☐☐☐ 不会很晚。

☐☐☐ 那你要早点儿回来啊，一起吃晚饭。

今晚 jīnwǎn 오늘 밤 · 晚 wǎn 늦다 · 回来 huílái 돌아오다 · 晚饭 wǎnfàn 저녁밥

到家后，跟我说一声。

Dào jiā hòu, gēn wǒ shuō yì shēng.

집 도착하면 나한테 알려 줘.

 跟 + 사람 + 说一声 = ~에게 한마디 말하다

 声(양사) = 번, 마디

 说(말하다) + 一(하나) + 声(번, 마디)
= 한마디를 하다/말하다

 跟我(나한테) + 说一声(알려 주다, 말해 주다)。
= 나한테 알려 줘(말해 줘).

到家了吗?
Dào jiā le ma?
집 도착했어?

还没有。
Hái méiyǒu.
아직 도착 못했어.

 到家后，跟我说一声。
Dào jiā hòu, gēn wǒ shuō yì shēng.
집 도착하면 (나한테) 알려 줘.

📢 주인공 발음 장착하기!

MP3 036

☐☐☐ 到家了吗?

☐☐☐ 还没有。

☐☐☐ 到家后，跟我说一声。

到 dào 도착하다 · 家 jiā 집 · 后 hòu (시간상으로) 뒤. 후 · 跟 gēn ~에게 · 一声 yì shēng 한마디

53

好好休息啊。

Hǎohāo xiūxi a.

푹 쉬어.

 好好(儿) = 잘, 충분히, 제대로

 好好(儿)은 **好**라는 형용사가 중첩된 형식이에요. 단음절 형용사를 중첩했을 때 두 번째 음절은 1성으로 읽어요.

 부정을 할 때는 **不好好儿** + 술어의 형태예요.
e.g. 他不好好儿学习。 = 그는 열심히 공부하지 않아.

 好好(잘, 푹) + **休息**(쉬다) + **啊**(부드러운 명령조의 어기)。
= 푹 쉬어.

你怎么了？脸色这么差。
Nǐ zěnme le? Liǎnsè zhème chà.
너 무슨 일이야? 안색이 이렇게나 안 좋아서야.

我今天身体有点儿不舒服。
Wǒ jīntiān shēntǐ yǒudiǎnr bù shūfu.
오늘 컨디션이 좀 안 좋아.

 那回家好好休息吧。
Nà huíjiā hǎohāo xiūxi ba.
그럼 집에 가서 푹 쉬어.

주인공 발음 장착하기!

MP3 038

☐☐☐ 你怎么了？脸色这么差。

☐☐☐ 我今天身体有点儿不舒服。

☐☐☐ 那回家好好休息吧。

脸色 liǎnsè 안색 · 这么 zhème 이렇게 · 差 chà 나쁘다. 좋지 않다 · 身体 shēntǐ 건강
有点儿 yǒudiǎnr 조금. 약간 (대개 여의치 않은 일에 쓰임) · 不舒服 bù shūfu 몸이 편치 않다
休息 xiūxi 휴식하다

包在我身上。

Bāo zài wǒ shēnshang.

나한테 맡겨.

 包 = 전적으로 책임을 지다

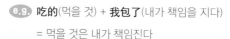 吃的(먹을 것) + 我包了(내가 책임을 지다)

= 먹을 것은 내가 책임진다

 包在 + A(대상) + 身上 = A에게 맡기다

→ 'A(대상)' 자리에는 주로 我가 와요.

 包在(~에 맡기다) + 我(나) + 身上(내 몸)。

= 내 몸에 맡겨. ▶ 나한테 맡겨. ▶ 내가 책임질게.

我们去露营，谁准备吃的?

Wǒmen qù lùyíng, shéi zhǔnbèi chī de?

우리 캠핑 갈 때, 누가 먹을 거 준비해?

这事包在我身上。

Zhè shì bāo zài wǒ shēnshang.

그건 나한테 맡겨.

好! 那就交给你了。

Hǎo! Nà jiù jiāo gěi nǐ le.

좋았어! 그럼 너한테 맡길게.

 주인공 발음 장착하기!

MP3 040

☐☐☐ 我们去露营，谁准备吃的?

☐☐☐ 这事包在我身上。

☐☐☐ 好! 那就交给你了。

露营 lùyíng 캠프하다. 야영하다 · 谁 shéi 누구 · 准备 zhǔnbèi 준비하다 · 包 bāo 전적으로 책임을 지다 · 身上 shēnshang 몸. 자신 · 交 jiāo 맡기다

① 你跟她_____哪一步了?

너 걔랑 (관계가) 어디까지 진전됐어?

什么呀! 那是_____。②

뭐(라는 거)야! 그건 내 프라이버시야.

③ 我_____。

나 걔랑 헤어졌어.

受苦了受苦了, _____。④

힘들었겠다 힘들었겠어, 울고 싶으면 울어.

⑤ 我错了, 你千万_____。

내가 잘못했어, 마음에 담아두지 마.

我想_____静静。⑥

나 혼자 있고 싶어.

⑦ 你先_____啊。

일단 화 좀 가라 앉혀.

他怎么能_____呢? ⑧

걔는 어떻게 이렇게 말할 수 있어?

⑨ 如果这次考试不及格, _____?

이번 시험에 떨어지면 어떡하지?

_____, 你一定可以的! ⑩

걱정 마, 넌 할 수 있어!

① 进展到 ② 我的隐私 ③ 跟他分手了 ④ 想哭就哭吧 ⑤ 别往心里去
⑥ 一个人 ⑦ 消消气 ⑧ 这样说 ⑨ 怎么办 ⑩ 不要害怕

⑪ **我明天＿＿＿＿＿＿，好紧张啊。**
나 내일 경기 있는데, 너무 긴장돼.

你肯定＿＿＿＿＿＿。 ⑫
넌 분명 잘 해낼 거야.

⑬ **今晚你会＿＿＿＿＿＿吗?**
너 오늘 저녁에 늦게 와?

＿＿＿＿＿＿很晚。 ⑭
많이 늦진 않을 거야.

⑮ **＿＿＿＿＿＿家。**
아직 집 도착 못했어.

到家后，跟我＿＿＿＿＿＿。 ⑯
집 도착하면 (나한테) 알려 줘.

⑰ **我今天身体有点儿＿＿＿＿＿＿。**
오늘 컨디션이 좀 안 좋아.

那回家＿＿＿＿＿＿吧。 ⑱
그럼 집에 가서 푹 쉬어.

⑲ **我们去露营，谁 ＿＿＿＿＿＿?**
우리 캠핑 갈 때, 누가 먹을 거 준비해?

这事 ＿＿＿＿＿＿ 我身上。 ⑳
그건 나한테 맡겨.

---

⑪ 参加比赛 ⑫ 没问题 ⑬ 晚回来 ⑭ 不会 ⑮ 还没到
⑯ 说一声 ⑰ 不舒服 ⑱ 好好休息 ⑲ 准备吃的 ⑳ 包在

SCENE
021~030

학습 완료
CHECK!
▼

021   022   023   024   025

我站你这边。

Wǒ zhàn nǐ zhèbian.

난 네 편에 설게.

 站你这边 = 네 편에 서다

 站 + 어느 편/입장 = ~ 편에 서다

→ **站哪边?** = 누구 편이야?, 어느 쪽이야?

 你(너, 당신) + **这边**(여기, 이쪽) = 네 쪽, 네 편

 我(주어) + **站**(술어) + **你这边**(목적어)。

= 나는 네 쪽에 설게. ▶ 나는 네 편이야.

你到底站哪边?

Nǐ dàodǐ zhàn nǎbian?

넌 대체 누구 편이야?

我当然站你这边啊!

Wǒ dāngrán zhàn nǐ zhèbian a!

난 당연히 네 편이지!

这还差不多。

Zhè hái chàbuduō.

암, 그래야지.

📢 주인공 발음 장착하기!

MP3 042

  你到底站哪边?

⬜⬜⬜ 我当然站你这边啊!

⬜⬜⬜ 这还差不多。

哪边 nǎbian 어디, 어느 쪽 · 当然 dāngrán 당연히, 물론 · 站 zhàn 서다, 어느 편에 서다 ·
这边 zhèbian 여기, 이쪽 · 还 hái 그만하면 · 差不多 chàbuduō 대충(그럭저럭) 되다

你再坚持一下。

Nǐ zài **jiānchí** yíxià.

조금만 더 견디어(참아) 봐.

 再 + 동사 + 一下 = 좀 더 ~하다

 再 = 재차, 또, 그 위에, 더

→ 위의 문장에서는 횟수의 반복이 아니라 정도가 심해짐을 나타내요.

 再(더) + **坚持**(견디다) + **一下**(좀 ~하다) = 조금 더 견디다

 你(주어) + **再**(부사) + **坚持**(동사) + **一下**。

= (너) 좀 더 견디어 봐. ▶ 조금만 더 참아 봐.

太困了，我想睡觉。
Tài kùn le, wǒ xiǎng shuìjiào.
너무 졸려, 자고 싶다.

马上要考试了，你再坚持一下！
Mǎshàng yào kǎoshì le, nǐ zài jiānchí yíxià!
곧 시험이니까, 조금만 더 참아 보자!

 困得眼睛都睁不开了。
Kùn de yǎnjing dōu zhēngbukāi le.
졸려서 눈도 안 떠져.

🔊 주인공 발음 장착하기!

MP3 044

▢▢▢ 太困了，我想睡觉。

▢▢▢ 马上要考试了，你再坚持一下！

▢▢▢ 困得眼睛都睁不开了。

困 kùn 졸리다 · 睡觉 shuìjiào 자다 · 马上 mǎshàng 곧, 즉시 · 坚持 jiānchí 견지하다, 버티다
· 眼睛 yǎnjing 눈 · 睁不开 zhēngbukāi 눈을 뜰 수 없다

65

你别那么想。

Nǐ bié nàme xiǎng.

그렇게 생각하지 마.

 别那么想 = 그렇게 생각하지 마라

 那么 = 그렇게, 저렇게

→ 방식이나 정도를 나타낼 수 있어요.

 那么(그렇게) + **想**(생각하다) = 그렇게 생각하다

 别(~하지 마) + **那么**(그렇게, 저렇게) + **想**(생각하다)。

= 그렇게 생각하지 마.

我是不是长得不好看?
Wǒ shì bu shì zhǎng de bù hǎokàn?
나 못생기지 않았어?

你别那么想，在我眼里你是最美的。
Nǐ bié nàme xiǎng, zài wǒ yǎnli nǐ shì zuì měi de.
그렇게 생각하지 마, 내 눈에는 네가 제일 예뻐.

我就爱听你说这句话。
Wǒ jiù ài tīng nǐ shuō zhè jù huà.
난 이 말이 좋더라.

 주인공 발음 장착하기!

MP3 046

☐☐☐ 我是不是长得不好看?

☐☐☐ 你别那么想，在我眼里你是最美的。

☐☐☐ 我就爱听你说这句话。

长得 zhǎng de 생긴 것이 ~하다 · **好看** hǎokàn 아름답다. 보기 좋다 · **那么** nàme 그렇게 ·
想 xiǎng 생각하다 · **眼里** yǎnli 눈 속. 안중 · **最** zuì 가장 · **就** jiù 오직. 단지. 다만 · **爱** ài
~하기를 좋아하다

有我在呢。

Yǒu wǒ zài ne.

내가 있잖아. (걱정 마.)

 有 + A(사람) + 在呢 = A가 있잖아

 有我在(这儿)呢 = 내가 여기에 있잖아

→ **在** 뒤에 장소가 생략되어 있어요.

 有(술어1) + **我**(목적어/주어) + **在**(술어2) + **呢**(사실을 확인하는 어기)。

→ 위의 문장에서 **我**는 목적어와 주어 역할을 동시에 겸하고 있으며,
   이와 같은 문장을 '겸어문'이라고 합니다.

我明天去牙科看牙，好害怕。
Wǒ míngtiān qù yákē kàn yá, hǎo hàipà.
나 내일 치과 진료 보러 가는데, 너무 무서워.

有我在呢，你不用怕。
Yǒu wǒ zài ne, nǐ búyòng pà.
내가 있잖아, 걱정 마(무서워할 필요 없어).

那你陪我一起去吗?
Nà nǐ péi wǒ yìqǐ qù ma?
그럼 나랑 같이 가 주는 거야?

📢 주인공 발음 장착하기!　　　　　　　　　　　　　MP3 048

☐☐☐　我明天去牙科看牙，好害怕。

☐☐☐　有我在呢，你不用怕。

☐☐☐　那你陪我一起去吗?

牙科 yákē 치과 · 看牙 kàn yá 치과에서 진찰을 하다 · 不用 búyòng ~할 필요가 없다 · 陪 péi
모시다. 동반하다

你赶紧回来。

Nǐ gǎnjǐn huílái.

빨리 와(서둘러 와).

 赶紧 = 서둘러, 급히

 赶紧 + 술어 = 서둘러 ~하다

→ 赶紧回来。= 서둘러 와(빨리 와).

→ '赶紧' 뒤에 '的'를 붙여서 '赶紧的。(서둘러야지.)'라는 표현으로도
자주 사용돼요.

 你(주어) + 赶紧(부사) + 回来(술어)。

= (너) 빨리 와.

公交车快没了，你赶紧回来。
Gōngjiāochē kuài méi le, nǐ gǎnjǐn huílái.
버스 곧 끊기니까 서둘러 와.

我这边还没忙完呢。
Wǒ zhèbian hái méi máng wán ne.
(나) 여기 볼일을 아직 다 못 봤어.

那明天再弄，赶紧的。
Nà míngtiān zài nòng, gǎnjǐn de.
그건 내일 다시 해도 되잖아, 서둘러.

📢 주인공 발음 장착하기!　　　　　　MP3 050

☐☐☐　公交车快没了，你赶紧回来。

☐☐☐　我这边还没忙完呢。

☐☐☐　那明天再弄，赶紧的。

公交车 gōngjiāochē 버스 · 快~了 kuài ~ le 곧 ~하다 · 赶紧 gǎnjǐn 서둘러, 급히 · 忙 máng (어떤 일을) 서두르다 · 完 wán 다하다, 끝나다 · 弄 nòng 하다

跟**我**一点关系都没有。

Gēn **wǒ** yìdiǎn guānxi dōu méiyǒu.

나랑 아무 상관도 없어.

 跟 + 사람 + 一点关系都没有 = ~와 아무 상관도 없다

 一点(조금) + **关系**(상관, 관련, 관계) + **都**(~도) + **没有**(없다)
= 조금의 상관도 없다

 跟我(나랑) + **一点**(조금) + **关系**(상관) + **都**(~도) + **没有**(없다)。
= 나랑 조금의 상관도 없어. ▶ 나랑 아무 상관도 없어.

他已经回国了，你听说了吗?

Tā yǐjing huíguó le, nǐ tīngshuō le ma?

걔 이미 귀국했대, 너 (소식) 들었어?

没有啊，反正跟我一点关系都没有。

Méiyǒu a, fǎnzhèng gēn wǒ yìdiǎn guānxi dōu méiyǒu.

아니, 어차피(어쨌든) 나랑 아무 상관도 없는데 뭐.

你们两个到底怎么了?

Nǐmen liǎng ge dàodǐ zěnme le?

너희 둘이 대체 어떻게 된 거야?

📢 주인공 발음 장착하기!

MP3 052

○○○ 他已经回国了，你听说了吗?

○○○ 没有啊，反正跟我一点关系都没有。

○○○ 你们两个到底怎么了?

已经 yǐjing 이미, 벌써 · 回国 huíguó 귀국하다 · 听说 tīngshuō 듣는 바로는 ~라 한다 · 反正 fǎnzhèng 어차피 · 一点 yìdiǎn 조금 · 关系 guānxi 관련, 관계

我什么都没看。

Wǒ shénme dōu méi **kàn.**

나 아무것도 못 봤어.

 什么都没(有) + 술어 = 아무것도 ~하지 않았다

 什么(무엇) + **都/也**(~도)

= 뭐든지 다, 아무것도(예외 없음을 의미)

 什么都(아무것도) + **没술어**(~하지 않았다)

= 아무것도 ~하지 않았다

 我(나) + **什么都**(아무것도) + **没**(~하지 않았다) + **看**(보다)。

= (나) 아무것도 보지 않았어. ▶ (나) 아무것도 못 봤어.

你是不是偷看我手机了?
Nǐ shì bu shì tōukàn wǒ shǒujī le?
너 내 핸드폰 훔쳐본 거 아니야?

没有啊，我什么都没看。
Méiyǒu a, wǒ shénme dōu méi kàn.
아니야, 나 아무것도 못 봤어.

 好吧，信你一回。
hǎo ba, xìn nǐ yì huí.
알겠어, (그럼) 한 번만 믿어 주지.

 주인공 발음 장착하기! MP3 054

☐☐☐ 你是不是偷看我手机了?

☐☐☐ 没有啊，我什么都没看。

☐☐☐ 好吧，信你一回。

是不是 shì bu shì ~한 거 아니야? · 偷看 tōukàn 훔쳐보다. 몰래보다 · 信 xìn 믿다 · 一回
yì huí 한 번

75

我真的不是故意的。

Wǒ zhēnde búshì gùyì de.

나 진짜 일부러 그런 게 아니야.

 不是故意的 = 일부러 그런 거 아니다, 고의가 아니다

 不是(아니다) + **故意的** (고의적, 의도적)
= 의도적이 아니다

 我(나는) + **真的**(정말, 진짜) + **不是故意的**(일부러 그런 거 아니다)。
= 나는 진짜 일부러 그런 게 아니야.

你是故意的吧！
Nǐ shì gùyì de ba!
너 일부러 그랬지!

没有啊，我真的不是故意的。
Méiyǒu a, wǒ zhēnde búshì gùyì de.
아니야, 나 진짜 일부러 그런 게 아니야.

我怎么能相信你呢。
Wǒ zěnme néng xiāngxìn nǐ ne.
내가 널 어떻게 믿어(내가 어떻게 널 믿을 수 있겠어).

📢 주인공 발음 장착하기! MP3 056

☐☐☐ 你是故意的吧！

☐☐☐ 没有啊，我真的不是故意的。

☐☐☐ 我怎么能相信你呢。

故意 gùyi 고의 · 真的 zhēnde 참으로, 정말로 · 相信 xiāngxin 믿다

没想到会这样。

Méi xiǎngdào huì zhèyàng.

이렇게 될 줄 몰랐네.

 没想到 = 생각지도 못하다, 뜻밖에

→ **没想到啊。** = 생각지도 못했어. (단독으로 사용)

没想到会这样。 = 이렇게 될 줄 몰랐어. (문두 위치)

 예상치 못한 소식을 듣고 말할 때 놀람이나 안타까움의 뉘앙스를 나타낼 수 있어요.

 没想到(생각지 못하다) + **会**(~할 것이다) + **这样**(이러하다)。

= 이렇게 될 줄 몰랐네.

他们两个分手了。
Tāmen liǎng ge fēnshǒu le.
그 두 사람 헤어졌어.

真的吗? 我没想到会这样。
Zhēnde ma? Wǒ méi xiǎngdào huì zhèyàng.
진짜? 이렇게 될 줄 몰랐네.

他们会和好吧?
Tāmen huì héhǎo ba?
둘이 화해하겠지?

📢 주인공 발음 장착하기!   MP3 058

☐☐☐   他们两个分手了。

☐☐☐   真的吗? 我没想到会这样。

☐☐☐   他们会和好吧?

没想到 méi xiǎngdào 생각지 못하다, 뜻밖이다 · 这样 zhèyàng 이렇다, 이와 같다 · 和好 héhǎo
화해하다

没什么**可惜**的。

Méi shénme **kěxī** de.

아쉬울 거 없어. (= 뭐가 아쉬워?)

 没什么 + 동사 + 的 = 별로 ~할 것이 없다

 什么 = 무슨, 어떤 것 (불특정 사람이나 사물을 나타냄)

 没(없다) + 什么(무슨, 어떤 것) + 可惜的(아쉬울 것)。
= 아쉬울 것이 없다. ▶ 아쉬워할 필요 없어. (= 뭐가 아쉬워?)

昨天聚会怎么样?
Zuótiān jùhuì zěnmeyàng?
어제 모임 어땠어?

挺好的! 你没来，太可惜了。
Tǐng hǎo de! Nǐ méi lái, tài kěxī le.
좋았어! 너 못 와서 너무 아쉬웠어.

 没什么可惜的，下次可以再聚嘛。
Méi shénme kěxī de, xiàcì kěyǐ zài jù ma.
뭐가 아쉬워, 다음번에 다시 모이면 되지.

📢 주인공 발음 장착하기!　　　　　　　　　　MP3 060

☐☐☐　昨天聚会怎么样?

☐☐☐　挺好的! 你没来，太可惜了。

☐☐☐　没什么可惜的，下次可以再聚嘛。

昨天 zuótiān 어제 · 聚会 jùhuì 모임 · 挺~的 tǐng~de 매우 ~하다 · 可惜 kěxī 아쉽다 · 下次
xiàcì 다음 번 · 聚 jù 모이다 · 嘛 ma 뚜렷한 사실을 강조할 때 쓰임

① 你到底_____?

넌 대체 누구 편이야?

我当然_____啊! ②

난 당연히 네 편이지!

③ _____, 我想睡觉。

너무 졸려, 자고 싶다.

马上要考试了, 你再_____! ④

곧 시험이니까, 조금만 더 참아 보자!

⑤ 我是不是_____?

나 못 생기지 않았어?

你_____, 在我眼里你是最美的。⑥

그렇게 생각하지 마, 내 눈에는 너가 제일 예뻐.

⑦ 我明天去牙科看牙, _____。

나 내일 치과 진료 보러 가는데, 너무 무서워.

_____, 你不用怕。⑧

내가 있잖아, 걱정 마(무서워할 필요 없어).

⑨ 公交车快没了, _____。

버스 곧 끊기니까 서둘러 와.

我这边还没_____呢。⑩

나 여기 볼일을 아직 다 못 봤어.

---

① 站哪边 ② 站你这边 ③ 太困了 ④ 坚持一下 ⑤ 长得不好看
⑥ 别那么想 ⑦ 好害怕 ⑧ 有我在呢 ⑨ 赶紧回来 ⑩ 忙完

⑪ 他已经回国了，你＿＿＿＿＿＿＿吗?

개 이미 귀국했대. 너 (소식) 들었어?

没有啊，反正跟我＿＿＿＿＿＿＿。 ⑫

아니, 어차피(어쨌든) 나랑 아무 상관도 없는데 뭐.

 ⑬ 你是不是＿＿＿＿＿＿＿我手机了?

너 내 핸드폰 훔쳐 본 거 아니야?

没有啊，我＿＿＿＿＿＿＿没看。 ⑭

아니야, 나 아무것도 못 봤어.

 ⑮ 你是＿＿＿＿＿＿＿吧!

너 일부러 그랬지!

没有啊，我真的＿＿＿＿＿＿＿。 ⑯

아니야, 나 진짜 일부러 그런 게 아니야.

 ⑰ 他们两个＿＿＿＿＿＿＿。

그 두 사람 헤어졌어.

真的吗? 我＿＿＿＿＿＿＿会这样。 ⑱

진짜? 이렇게 될 줄 몰랐네.

 ⑲ 你没来，＿＿＿＿＿＿＿。

너 못 와서 너무 아쉬웠어.

没什么＿＿＿＿＿＿＿，下次可以再聚嘛。 ⑳

뭐가 아쉬워, 다음번에 다시 모이면 되지.

---

⑪ 听说了 ⑫ 一点关系都没有 ⑬ 偷看 ⑭ 什么都 ⑮ 故意的
⑯ 不是故意的 ⑰ 分手了 ⑱ 没想到 ⑲ 太可惜了 ⑳ 可惜的

DRAMA

SCENE
031~040

학습 완료
CHECK!

031   032   033   034   035

你听我说完。

Nǐ tīng wǒ shuō wán.

내 말 다(잘) 들어 봐.

 听 + 사람 + 说完 = ~가 말하는 것을 다 듣다

 说(말하다) + 完(다) = (말을) 다 하다, 말을 끝내다

 你(너) + 听(듣다) + 我说完(내가 말을 다 하다)。

= (너) 내가 말을 다 하는 것을 들어 줘. ▶ 내가 다 말할 때까지(내 말을 끝까지) 들어 봐. ▶ 내 말 다(잘) 들어 봐.

→ 상대가 화자의 말을 다 듣기도 전에 설레발치거나, 말하는 도중에 끊을 때 사용할 수 있는 표현이에요.

我今天跟一个男生吃饭…
Wǒ jīntiān gēn yí ge nánshēng chīfàn…
나 오늘 남자랑 밥을 먹었는데…

什么？男生？你交男朋友了？
Shénme? Nánshēng? Nǐ jiāo nánpéngyou le?
뭐? 남자? 너 남자친구 생겼어?

你先听我说完。
Nǐ xiān tīng wǒ shuō wán.
일단 내 말 다(잘) 들어 봐.

📢 주인공 발음 장착하기!

MP3 062

☐☐☐　我今天跟一个男生吃饭…

☐☐☐　什么？男生？你交男朋友了？

☐☐☐　你先听我说完。

男生 nánshēng 남학생. 남자 · **交** jiāo 사귀다. 교제하다 · **说完** shuōwán 말을 끝내다. 다 말해 버리다

我随便问问。

Wǒ suíbiàn wènwen.

그냥 물어본 거야.

 随便 + 동사 중첩 = 아무렇게 좀 ~하다

 随便 = 마음대로, 자유로이, 제멋대로

问问 = 좀 물어보다 (동사 중첩 형태)

→ **随便问问** = 아무렇게나 좀 물어보다, 마음대로 물어보다, 자유로이
물어보다 ▶ 그냥 물어보다

 我(주어) + **随便**(부사) + **问问**(동사)。

= 그냥 물어본 거야.

她这个人怎么样啊?
Tā zhège rén zěnmeyàng a?
그 사람 어때?

怎么了? 你是不是对她有意思?
Zěnme le? Nǐ shì bu shì duì tā yǒu yìsi?
왜? 너 그 사람한테 관심 있지?

没有啊，我随便问问。
Méiyǒu a, wǒ suíbiàn wènwen.
아니, 그냥 물어본 거야.

 주인공 발음 장착하기!　　　　　　　　　　MP3 064

☐☐☐　她这个人怎么样啊?

☐☐☐　怎么了? 你是不是对她有意思?

☐☐☐　没有啊，我随便问问。

这个人 zhège rén 이 사람(문맥상 자연스럽게 '그 사람'으로 해석 가능) ･ 对 duì ～에 대하여
有意思 yǒu yìsi (남녀가) 마음에 들다 ･ 随便 suíbiàn 마음대로, 좋을대로

我想多了。

Wǒ xiǎng duō le.

내가 쓸데없는 생각을 했네.

 想多了 = 생각이 많았다

 동사 + **多了**

= (예상보다 혹은 적절한 수준보다) 많이 ~했다

→ **想多了** = 생각을 (너무) 많이 했다

 我(주어) + 想(동사) + 多(결과보어) + 了。

= 내가 생각을 (너무) 많이 했어. ▶ 내가 별(쓸데없는) 생각을 다 했네.

他好像看不上我。
Tā hǎoxiàng kànbushàng wǒ.
걔는 날 마음에 안 들어하는 것 같아.

我觉得他对你有好感。
Wǒ juéde tā duì nǐ yǒu hǎogǎn.
내 생각엔 (걔) 너한테 호감이 있는 것 같은데.

 真的吗? 那可能是我想多了。
Zhēnde ma? Nà kěnéng shì wǒ xiǎng duō le.
정말? 그럼 내가 쓸데없는 생각을 했네.

📢 주인공 발음 장착하기!

MP3 066

☐☐☐ 他好像看不上我。

☐☐☐ 我觉得他对你有好感。

☐☐☐ 真的吗? 那可能是我想多了。

好像 hǎoxiàng 마치 ~인 것 같다 · 看不上 kànbushàng 눈에 차지 않다, 마음에 들지 않다 ·
对 duì ~에 대하여 · 好感 hǎogǎn 호감

91

我还以为**你不来了**呢。

Wǒ hái yǐwéi **nǐ bù lái le** ne.

난 또 네가 안 오는 줄 알았잖아.

 我还以为 ~ 呢 = 난 또 ~인 줄 알았다

 还 = 의외의 어감을 나타냄

 以为 + 주관적인 생각(예상 · 판단)이 사실과 다른 내용
= ~인 줄 (잘못) 알았다

 我(주어) + **还**(부사) + **以为**(술어) + **你不来了**(목적어) + **呢**(어기조사)。
→ 난 또 네가 안 오는 줄 알았잖아.

你怎么才来啊！
Nǐ zěnme cái lái a!
너 왜 이제야 오는 거야!

对不起，路上堵车，我来晚了。
Duìbuqǐ, lùshang dǔchē, wǒ lái wǎn le.
미안해, 차가 너무 막혀서 늦었어.

我还以为你不来了呢。
Wǒ hái yǐwéi nǐ bù lái le ne.
난 또 너 안 오는 줄 알았잖아.

📢 주인공 발음 장착하기!

MP3 068

◯◯◯　你怎么才来啊！

◯◯◯　对不起，路上堵车，我来晚了。

◯◯◯　我还以为你不来了呢。

才 cái ~에야 비로소 · 路上 lùshang 도중 · 堵车 dǔchē 교통 체증. 차가 막히다 　以为 yǐwéi 생각하다. 여기다

我会一直陪着你。

Wǒ huì yìzhí péizhe nǐ.

늘 너의 곁에 있을게.

 陪着你 = 너의 곁에 있(어 주)다

 A **陪** B = A가 B와 함께 있어 주다

陪는 사전적 의미로 '동반하다'인데, 일상생활에서 '~와 함께하다, ~곁에 있다'라는 의미로 많이 사용돼요.

→ **我陪你。** = 내가 너의 곁에 있을게.

 我(나) + **会**(~할 것이다) + **一直**(줄곧, 내내) + **陪**(~와 함께하다) + **着**(동작의 지속을 나타냄) + **你**(너)。

= (내가) 항상 너의 곁에 있어 줄게. ▶ 늘 너의 곁에 있을게.

我会一直陪着你。
Wǒ huì yìzhí péizhe nǐ.
(내가) 늘 너의 곁에 있을게.

你对我真好。
Nǐ duì wǒ zhēn hǎo.
너는 나한테 진짜 잘해 줘.

我永远都不会离开你的。
Wǒ yǒngyuǎn dōu búhuì líkāi nǐ de.
나는 영원히 너를 떠나지 않을 거야.

 주인공 발음 장착하기!

MP3 070

☐☐☐　我会一直陪着你。

☐☐☐　你对我真好。

☐☐☐　我永远都不会离开你的。

一直 yìzhí 계속해서. 줄곧 · 陪 péi 모시다. 동반하다 · 着 zhe ～한 채로 있다 · 永远 yǒngyuǎn
늘. 항상. 언제나 · 离开 líkāi 떠나다

我们在一起吧。

Wǒmen zài yiqi **ba.**

우리 사귀자.

 在一起 = 사귀다, 함께 있다

 A跟B在一起 = A와 B가 사귀다, A와 B가 함께 있다

e.g. 我跟他在一起了。 = 나 걔랑 사귀게 되었어. ▶ 나 걔랑 사귀어.

我跟他在一起。 = 나 걔랑 같이 있어.

 我们(우리) + **在一起**(사귀다) + **吧**(제안의 어기를 나타냄)。

= 우리 사귀자.

96

我喜欢你，我们在一起吧。
Wǒ xǐhuan nǐ, wǒmen zài yìqǐ ba.
나 너 좋아해, 우리 사귀자.

怎么这么突然？
Zěnme zhème tūrán?
왜 이렇게 갑작스러워?

其实我喜欢你已经很久了。
Qíshí wǒ xǐhuan nǐ yǐjing hěn jiǔ le.
사실 너 좋아한 지 이미 오래 됐어.

📢 주인공 발음 장착하기!   MP3 072

☐☐☐ 我喜欢你，我们在一起吧。

☐☐☐ 怎么这么突然？

☐☐☐ 其实我喜欢你已经很久了。

在一起 zài yìqǐ 사귀다. 함께 있다 · 突然 tūrán 갑자기 · 其实 qíshí 사실은 · 久 jiǔ 오래다. 오래된

我实话跟你说吧。

Wǒ shíhuà gēn nǐ shuō **ba.**

솔직하게 말할게.

 实话 + 跟 + 사람 + 说 = 솔직하게 ~에게 말하다

 实话 = 솔직하게

→ 위의 문장에서와 같이 **实话**가 동사 앞에 쓰여 부사 역할을 할 때도 있지만, '사실'이라는 뜻을 가진 명사로도 사용될 수 있다는 점 참고 하세요.

 我(나) + **实话**(솔직하게) + **跟你**(너에게) + 说(말하다) + 吧(~할 게)。
= 내가 솔직하게 (너에게) 말할게.

我实话跟你说吧...
Wǒ shíhuà gēn nǐ shuō ba...
솔직하게 말할게...

别磨磨蹭蹭的，什么呀?
Bié mómocèngcèng de, shénme ya?
뜸들이지(꾸물거리지) 말고, 뭔데?

电影票我没买到，今天看不了了。
Diànyǐngpiào wǒ méi mǎi dào, jīntiān kànbuliǎo le.
영화 티켓 못 사서, 오늘 못 봐.

📢 주인공 발음 장착하기!   MP3 074

☐☐☐   我实话跟你说吧...

☐☐☐   别磨磨蹭蹭的，什么呀?

☐☐☐   电影票我没买到，今天看不了了。

实话 shíhuà 솔직하게 · 磨磨蹭蹭 mómocèngcèng 꾸물거리는 모양 · 的 de 상황을 강조함
电影票 diànyǐngpiào 영화표 · 买到 mǎidào 사 들이다. 사서 손에 넣다 · 동사 + 不了 ~buliǎo
~할 수 없다

99

那只是误会。

Nà zhǐshì wùhuì.

그건 오해(일 뿐이)야.

 那只是~ = 그것은 (단지) ~일 뿐이다

 只(단지, 다만) + **是**(~이다) + **误会**(오해)
= (단지) 오해일 뿐이다

 那(주어) + **只**(부사) + **是**(술어) + **误会**(목적어)。
= 그건 (단지) 오해일 뿐이야. ▶ 그건 오해야.

他好像经常说我坏话。
Tā hǎoxiàng jīngcháng shuō wǒ huàihuà.
걔는 자주 내 험담을 하는 것 같아.

那只是误会，他不是那样的人。
Nà zhǐshì wùhuì, tā búshì nàyàng de rén.
그건 오해(일 뿐이)야, 걔는 그런 사람이 아니야.

 什么误会呀？是我亲耳听到的。
Shénme wùhuì ya? Shì wǒ qīn'ěr tīngdào de.
무슨 오해라는 거야? 내가 직접 들은 건데.

📣 주인공 발음 장착하기!

MP3 076

☐☐☐ 他好像经常说我坏话。

☐☐☐ 那只是误会，他不是那样的人。

☐☐☐ 什么误会呀？是我亲耳听到的。

说坏话 shuō huàihuà 흉보다 · 误会 wùhuì 오해 · 那样 nàyàng 그렇게, 저렇게 · 亲耳 qīn'ěr
자신의 귀로 직접 (듣다)

我话还没说完呢。

Wǒ huà hái méi shuō wán **ne.**

내 말 아직 다 안 끝났어.

 还没说完 = 아직 말이 다 안 끝났다

 没(~하지 않았다) + **说**(말하다) + **完**(다) = 다 말하지 못했다
→ **完**은 동사(**说**) 뒤에서 결과보어로 쓰였어요.

 我话(내 말) + **还**(아직) + **没说完**(다 말하지 못했다) + **呢**(사실을 확인하는 어기)。
= 내 말 아직 다 (말)하지 못했어. ▶ 내 말 아직 다 안 끝났어.

要是没什么事儿，我就先走了。
Yàoshi méi shénme shìr, wǒ jiù xiān zǒu le.
별일 없으면 나 먼저 간다.

我话还没说完呢。
Wǒ huà hái méi shuō wán ne.
내 말 아직 다 안 끝났어.

你到底要说什么呀?
Nǐ dàodǐ yào shuō shénme ya?
도대체 뭐 말하려고?

📢 주인공 발음 장착하기!   MP3 078

☐☐☐   要是没什么事儿，我就先走了。

☐☐☐   我话还没说完呢。

☐☐☐   你到底要说什么呀?

要是 yàoshi 만일 ~라면 · 话 huà 말 · 到底 dàodǐ 도대체 · 要 yào ~하려고 하다

你可能理解错了。

Nǐ kěnéng lǐjiě cuò le.

너 뭔가 잘못 이해한 것 같아.

 理解错了 = 잘못 이해했다

 理解(알다, 이해하다) + **错**(틀리다, 맞지 않다) + **了** = 잘못 이해했다
→ **错**는 **理解**(동사 술어) 뒤에서 결과보어로 쓰였으며, **了**는 동사 뒤에 쓰여 동작이 이미 완료되었음을 나타내요.

 你(너) + **可能**(아마 ~일지도 모른다) + **理解**(이해하다) + **错**(맞지 않다) + **了**(완료의 어기)。
= 너 아마 잘못 이해했을 수도 있어. ▶ 너 뭔가 잘못 이해한 것 같아.

你可能理解错了。
Nǐ kěnéng lǐjiě cuò le.
너 뭔가 잘못 이해한 것 같아.

这不是买一送一吗?
Zhè búshì mǎi yī sòng yī ma?
이거 1+1 아니야?

不是，是买两个有优惠。
Búshì, shì mǎi liǎng ge yǒu yōuhuì.
아니야, 두 개 사면 할인해 주는 거야.

 주인공 발음 장착하기!

MP3 080

☐☐☐　你可能理解错了。

☐☐☐　这不是买一送一吗?

☐☐☐　不是，是买两个有优惠。

可能 kěnéng 아마도　理解 lǐjiě 이해하다　错 cuò 틀리다. 맞지 않다　买一送一 mǎi yī sòng yī 하나를 사면 하나를 더 준다　优惠 yōuhuì 혜택. 할인

① 我今天＿＿＿＿＿＿＿吃饭...

나 오늘 남자랑 밥을 먹었는데..

什么? 男生? 你＿＿＿＿＿＿＿了? ②

뭐? 남자? 너 남자친구 생겼어?

③ 你是不是对她＿＿＿＿＿＿＿?

너 그 사람한테 관심 있지?

没有啊，我＿＿＿＿＿＿＿。④

아니, 그냥 물어본 거야.

⑤ 他好像＿＿＿＿＿＿＿我。

걔는 날 마음에 안 들어하는 것 같아.

我觉得他对你＿＿＿＿＿＿＿。⑥

내 생각엔 (걔) 너한테 호감 있는 것 같은데.

⑦ 对不起，路上堵车，我＿＿＿＿＿＿＿。

미안해. 차가 너무 막혀서 늦었어.

＿＿＿＿＿＿＿你不来了呢。⑧

난 또 너 안 오는 줄 알았잖아.

⑨ 我会一直＿＿＿＿＿＿＿。

(내가) 늘 너의 곁에 있을게.

你＿＿＿＿＿＿＿。⑩

너는 나한테 진짜 잘해 줘.

① 跟一个男生 ② 交男朋友 ③ 有意思 ④ 随便问问 ⑤ 看不上
⑥ 有好感 ⑦ 来晚了 ⑧ 我还以为 ⑨ 陪着你 ⑩ 对我真好

⑪ **我喜欢你，我们_____。**

나 너 좋아해, 우리 사귀자.

_____突然? ⑫

왜 이렇게 갑작스러워?

⑬ **我_____跟你说吧...**

솔직하게 말할게...

_____, 什么呀? ⑭

뜸들이지(꾸물거리지) 말고, 뭔데?

⑮ **他好像经常_____。**

걔는 자주 내 험담을 하는 것 같아.

那_____, 他不是那样的人。 ⑯

그건 오해(일 뿐이)야, 걔는 그런 사람이 아니야.

⑰ **要是没_____, 我就先走了。**

별일 없으면 나 먼저 간다.

我话_____呢。 ⑱

내 말 아직 다 안 끝났어.

⑲ **你可能_____。**

너 뭔가 잘못 이해한 것 같아.

这不是_____吗? ⑳

이거 1+1 아니야?

⑪ 在一起吧 ⑫ 怎么这么 ⑬ 实话 ⑭ 别磨磨蹭蹭的 ⑮ 说我坏话
⑯ 只是误会 ⑰ 什么事儿 ⑱ 还没说完 ⑲ 理解错了 ⑳ 买一送一

SCENE
041~050

학습 완료
CHECK!
▼

041   042   043   044   045

你该不是看上她了吧?

Nǐ gāi búshì kànshàng tā le ba?

너 걔 맘에 든 거 아니지?

 该不是~吧 = 아마(설마) ~는 아니겠지

 该 = 아마 ~겠다 (추측)
该不是 = 아마 ~는 아닐 것이다

 你(너) + 该不是(아마 ~는 아닐 것이다) + 看上她了(그녀가 마음에 들었다) + 吧(추측)?
= 너 설마 걔 좋아하게 된 것은 아니겠지? ▶ 너 걔 맘에 든 거 아니지?

你该不是看上她了吧?

Nǐ gāi búshì kànshàng tā le ba?

너 걔 맘에 든 거 아니지?

有这么明显吗?

Yǒu zhème míngxiǎn ma?

그렇게 티 나?

都写在脸上了。

Dōu xiě zài liǎnshàng le.

얼굴에 다 써 있어.

 📢 주인공 발음 장착하기! MP3 082

☐☐☐ 你该不是看上她了吧?

☐☐☐ 有这么明显吗?

☐☐☐ 都写在脸上了。

看上 kànshàng 보고 마음에 들다, 반하다 · 明显 míngxiǎn 뚜렷하다, 분명하다

他有那么帅吗?

Tā yǒu nàme shuài ma?

걔가 그렇게 잘생겼어?

 有那么帅吗? = 그렇게 잘생겼어?

 有 = ~만큼 되다, ~만 하다

 有 + **那么** + 술어 = 그렇게 ~할 정도에 이르다

 他(그) + **有那么**(그렇게 ~할 정도에 이르다) + **帅**(잘생겼다) + **吗**(의
문조사)?
= 그(애)가 그 정도로 잘생겼어? ▶ 걔가 그렇게 잘생겼어?

他有那么帅吗?
Tā yǒu nàme shuài ma?
걔가 그렇게 잘생겼어?

在我眼里他最帅。
Zài wǒ yǎnli tā zuì shuài.
내 눈엔 (걔가) 제일 잘생겼어.

 你喜欢就好了。
Nǐ xǐhuan jiù hǎo le.
네가 좋아하면 됐지.

 주인공 발음 장착하기!

MP3 084

☐☐☐ 他有那么帅吗?

☐☐☐ 在我眼里他最帅。

☐☐☐ 你喜欢就好了。

帅 shuài 잘생기다 · 眼里 yǎnli 눈 속 · ~就好了 ~jiù hǎo le ~하면 됐어

既然这样,

Jìrán zhèyàng,

기왕 이렇다면,

 既然这样 = 기왕 이렇다면

 既然 [접속사] 기왕 이렇게 된 이상

 既然 A(이미 성립된 사실/전제조건) + **就/也** B(A로 인해 당연하게 여겨지는 결론) = 기왕 A한 이상, B하다
→ **既然**은 주어 앞이나 뒤에 모두 올 수 있고, 주로 **就/也** 등과 호응해서 사용해요.

我觉得他这个人很好。
Wǒ juéde tā zhège rén hěn hǎo.
걔(그 친구) 좋은 사람인 것 같아.

对啊，他是我见过的最好的。
Duì a, tā shì wǒ jiànguo de zuì hǎo de.
맞아, 걔는 내가 만난 사람 중 가장 좋은 사람이야.

既然这样，你跟他好好相处吧。
Jìrán zhèyàng, nǐ gēn tā hǎohāo xiāngchǔ ba.
그럼(기왕 이렇다면), 걔랑 잘 지내봐.

🔊 **주인공 발음 장착하기!**   MP3 086

☐☐☐ 我觉得他这个人很好。

☐☐☐ 对啊，他是我见过的最好的。

☐☐☐ 既然这样，你跟他好好相处吧。

觉得 juéde ~라고 여기다(생각하다) · 既然 jìrán 이미 이렇게 된 바에야 · 相处 xiāngchǔ 지내보다. 사귀다

我送你回家。

Wǒ sòng nǐ huíjiā.

집에 데려다줄게.

 送 + 사람 + 回家 = ~를 집에 데려다주다

 我(주어) + 送(동사1) + 你(목적어) + 回家(동사2)。
= (내가 너를) 집에 데려다줄게.

 동작 발생의 선후관계에 따라 送(배웅하다), 回家(집으로 돌아가다)의 순서로 배열되어 있어요. 이렇게 한 문장 안에 두 개 이상의 동사가 들어가는 문장을 '연동문'이라고 하며, 동작의 발생 순서나 동작의 목적을 나타낼 수 있어요.

时间不早了，我要回去了。
Shíjiān bù zǎo le, wǒ yào huíqù le.
늦었다, 나 이제 가야겠어.

我送你回家。
Wǒ sòng nǐ huíjiā.
내가 집에 데려다줄게.

 不用了，谢谢，我可以自己回家。
Búyòng le, xièxie, wǒ kěyǐ zìjǐ huíjiā.
괜찮아 고마워, 나 혼자 집에 갈 수 있어.

🔊 주인공 발음 장착하기!

MP3 088

◻◻◻ 时间不早了，我要回去了。

◻◻◻ 我送你回家。

◻◻◻ 不用了，谢谢，我可以自己回家。

时间 shijiān 시간 · 早 zǎo (때가) 이르다, 빠르다 · 送 sòng 배웅하다 · 回家 huíjiā 집으로 돌아가다

117

你是不是喜欢上我了?
Nǐ shibushì xǐhuan shàng wǒ le?

너 나한테 빠진 거 아니야?

 是不是 + 술어 = ~한 것 아니야?

 是(~이다) + **不是**(~가 아니다)
→ '긍정+부정'의 형태로 정반의문문을 만들며, 단독으로 쓰이거나 명
  사구, 동사구 앞에 쓰일 수 있습니다.

 你(너) + **是不是**(~한 것 아니야?) + **喜欢上我了**(나를 좋아하게 되었다)?
= 너 나 좋아하게 된 거 아니야? ▶ 너 나한테 빠진 거 아니야?

你是不是喜欢上我了?
Nǐ shì bu shì xǐhuan shàng wǒ le?
너 나한테 빠진 거 아니야?

你什么时候看出来的?
Nǐ shénme shíhou kàn chūlái de?
언제 알았어?

我早就看出来了。
Wǒ zǎojiù kàn chūlái le.
진즉에 눈치챘지.

 주인공 발음 장착하기!

MP3 090

☐☐☐ 你是不是喜欢上我了?

☐☐☐ 你什么时候看出来的?

☐☐☐ 我早就看出来了。

上 shàng 동사 뒤에 쓰여서 목적의 실현이나 가능을 나타냄 · 看出来 kàn chūlái 분간하다. 알아차리다 · 早就 zǎojiù 일찍이. 진작. 벌써

你想不想我?

Nǐ xiǎng bu xiǎng wǒ?

나 안 보고 싶어?

 想不想 + 사람? = ~ 안 보고 싶어?

 想 = 생각하다, 보고 싶다

想(보고 싶다) + **不想**(안 보고 싶다)? = 보고 싶어, 안 보고 싶어?

→ 동사의 긍정+부정 형태의 정반의문문이에요.

 你(너) + **想不想**(보고 싶어, 안 보고 싶어) + **我**(나)?

= 너는 내가(나를) 보고 싶어 안 보고 싶어? ▶ 나 안 보고 싶어?

你想不想我?
Nǐ xiǎng bu xiǎng wǒ?
나 안 보고 싶어?

我想死你了。
Wǒ xiǎngsǐ nǐ le.
보고 싶어 죽겠다.

我过两天，就回去了。
Wǒ guò liǎngtiān, jiù huíqù le.
나 며칠 뒤면 바로 갈 거야.

 주인공 발음 장착하기!

MP3 092

☐☐☐ 你想不想我?

☐☐☐ 我想死你了。

☐☐☐ 我过两天，就回去了。

想死 xiǎngsǐ 몹시 보고 싶어하다 · 过两天 guò liǎngtiān 며칠 후, 얼마 뒤 · 回去 huíqù 돌아가다

我跟他很聊得来。

Wǒ gēn tā hěn liáodelái.

나 걔랑 말이 정말 잘 통해.

 聊得来 = 이야기가 잘 통하다

 A 跟 B 很聊得来 = A와 B는 이야기가 매우 잘 통한다

 我(나는) + **跟他**(그와) + **很**(매우) + **聊得来**(이야기가 잘 통하다)。
= 나는 걔랑 말이 정말 잘 통해.

我跟他很聊得来。
Wǒ gēn tā hěn liáodelái.
나 걔랑 말이 정말 잘 통해.

你们都聊什么呀?
Nǐmen dōu liáo shénme ya?
너희 무슨 얘기 하는데?

电影、电视剧、美食，什么都聊。
Diànyǐng、diànshìjù、měishí，shénme dōu liáo.
영화, 드라마, 맛있는 음식(과 같은) 별의별 얘기를 다 하지.

 주인공 발음 장착하기!

MP3 094

☐☐☐   我跟他很聊得来。

☐☐☐   你们都聊什么呀?

☐☐☐   电影、电视剧、美食，什么都聊。

聊得来 liáodelái 얘기가 잘 통하다 · 都 dōu 앞의 사람이나 사물을 총괄함 · 电视剧 diànshìjù
드라마 · 美食 měishí 맛있는 음식

你笑起来真好看。

Nǐ xiào qǐlái **zhēn hǎokàn.**

너 웃으니까 진짜 예쁘다.

 동사 + 起来 = ~하자니, ~하니까

 '**起来**'가 동사 뒤에 쓰여 'A(동사)+**起来**+B(견해) = A하니까 B하다'와 같이 자신의 생각이나 의견을 덧붙여 말할 수 있어요.

 你(너) + **笑起来**(웃으니까) + **真**(진짜) + **好看**(예쁘다)。
= 너 웃으니까 진짜 예쁘다.

你笑起来真好看。
Nǐ xiào qǐlái zhēn hǎokàn.
너 웃으니까 진짜 예쁘다.

真的吗? 没有人这么说过。
Zhēnde ma? Méiyǒu rén zhème shuōguo.
정말? 아무도 나한테 그렇게 말한 적 없는데.

不会吧! 你这么好看。
Búhuì ba! Nǐ zhème hǎokàn.
그럴리가! (네가) 이렇게 예쁜데.

 주인공 발음 장착하기!   MP3 096

☐☐☐ 你笑起来真好看。

☐☐☐ 真的吗? 没有人这么说过。

☐☐☐ 不会吧! 你这么好看。

起来 qǐlái 동사 뒤에 붙어서 인상이나 견해를 나타냄 · 过 guo 동사 뒤에 놓여 과거의 경험을 나타냄
· 吧 ba 문장 끝에 쓰여 추측의 어기를 나타냄

怎么这么好吃啊!

Zěnme zhème hǎochī a!

어쩜 이렇게 맛있냐!

 怎么这么 = 어떻게(어째서/어쩜) 이렇게

 怎么(어떻게) + **这么**(이렇게) + 술어 = 어떻게 이렇게 ~하지
→ 방식이나 정도를 나타내는 **这么**는 **怎么**와 함께 쓰여 '어떻게 이렇게, 어쩜 이렇게'와 같이 예상치 못한 상황으로 감탄하거나 칭찬하는 뉘앙스를 나타내요.

 怎么这么(어떻게 이렇게) + **好吃**(맛있다) + **啊**(감탄의 어기)!
= 어떻게(어쩜) 이렇게 맛있지!

你尝尝我的手艺。
Nǐ chángchang wǒ de shǒuyì.
내 손맛 어떤지 맛 봐봐.

怎么这么好吃啊！
Zěnme zhème hǎochī a!
어쩜 이렇게 맛있냐!

那你多吃点。
Nà nǐ duō chī diǎn.
(그럼 너) 많이 먹어.

🔊 주인공 발음 장착하기!

MP3 098

⬜⬜⬜　你尝尝我的手艺。

⬜⬜⬜　怎么这么好吃啊！

⬜⬜⬜　那你多吃点。

尝 cháng 맛보다 · 手艺 shǒuyì 손재간. 솜씨 · 那 nà 그러면 · 多 duō 많이

我请你吃饭。

Wǒ qǐng nǐ chīfàn.

내가 한턱낼게.

 请 + 사람 + 吃饭 = ~에게 한턱내다

 请 = 한턱내다

 我(주어1) + **请**(술어1) + <u>**你**(목적어/주어2)</u> + **吃饭**(술어2)
→ 위의 문장에서 **你**는 목적어 역할과 주어 역할을 겸하고 있는데요,
   이러한 형태의 문장을 '겸어문'이라고 해요.

 我(나) + **请**(한턱내다) + **你**(너) + **吃饭**(밥을 먹다)。
= 내가 (네게 밥) 한턱낼게.

我今天发工资了!
Wǒ jīntiān fā gōngzī le!
나 오늘 월급 받았어!

那你给我买个礼物呗!
Nà nǐ gěi wǒ mǎi ge lǐwù bei!
그럼 나한테 선물 하나 해 주지 그래!

哈哈，不如我请你吃饭吧!
Hā hā, bùrú wǒ qǐng nǐ chīfàn ba!
하하, 아니면 내가 (밥) 한턱낼게

📢 주인공 발음 장착하기!

MP3 100

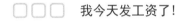

☐☐☐ 我今天发工资了!

☐☐☐ 那你给我买个礼物呗!

☐☐☐ 哈哈，不如我请你吃饭吧!

发工资 fā gōngzī 월급을 받다 · 礼物 lǐwù 선물 · 呗 bei 억지로 동의하거나 어쩔 수 없이 양보함
을 나타냄 · 不如 bùrú (아니면) ~하는 게 어때?

① **你该不是_____吧?**
너 걔 맘에 든 거 아니지?

有这么_____? ②
그렇게 티 나?

③ **他有_____?**
걔가 그렇게 잘생겼어?

_____他最帅。 ④
내 눈엔 (걔가) 제일 잘생겼어.

⑤ **他是_____最好的。**
걔는 내가 만난 사람 중 가장 좋은 사람이야.

_____, 你跟他好好相处吧。 ⑥
그럼(기왕 이렇다면), 걔랑 잘 지내봐 봐.

⑦ **我_____。**
내가 집에 데려다줄게.

不用了，谢谢，我可以_____。 ⑧
괜찮아 고마워, 나 혼자 집에 갈 수 있어.

⑨ **你是不是_____了?**
너 나한테 빠진 거 아니야?

你什么时候_____? ⑩
언제 알았어?

---

① 看上她了 ② 明显吗 ③ 那么帅吗 ④ 在我眼里 ⑤ 我见过的
⑥ 既然这样 ⑦ 送你回家 ⑧ 自己回家 ⑨ 喜欢上我 ⑩ 看出来的

⑪ 你_____?

나 안 보고 싶어?

我_____。 ⑫

보고 싶어 죽겠다.

⑬ 你们都_____呀?

너희 무슨 얘기 하는데?

电影、电视剧、美食，_____。 ⑭

영화, 드라마, 맛있는 음식(과 같은) 별의별 얘기를 다 하지.

⑮ 你_____真好看。

너 웃으니까 진짜 잘생겼다(예쁘다).

真的吗? _____这么说过。 ⑯

정말? 아무도 나한테 그렇게 말한 적 없는데.

⑰ 你_____我的手艺。

내 손맛 어떤지 맛 봐봐.

_____好吃啊! ⑱

어쩜 이렇게 맛있냐!

⑲ 我今天_____!

나 오늘 월급 받았어!

那你给我_____呗! ⑳

그럼 나한테 선물 하나 해 주지 그래!

---

⑪ 想不想我 ⑫ 想死你了 ⑬ 聊什么 ⑭ 什么都聊 ⑮ 笑起来
⑯ 没有人 ⑰ 尝尝 ⑱ 怎么这么 ⑲ 发工资了 ⑳ 买个礼物

SCENE
051~060

학습 완료
CHECK!
▼

051   052   053   054   055

有什么可看的。

Yǒu shénme kě kàn de.

뭐 볼 게 있다고.

 可看的 = 볼만한 것

 可(~할 만하다) + **看**(보다) + **的**(~한 것)
→ **可**는 동사 앞에 쓰여서 '~할 만하다'라는 의미로 쓰여요.

 有什么 + **可** + 동사 + **的** = ~할 만한 게 뭐가 있다고

 有什么(뭐가 있어) + **可看的**(볼만한 것)。
= 볼만한 게 뭐가 있다고. ▶ 뭐 볼 게 있다고.

要不要一起看吃播?
Yào bu yào yìqǐ kàn chībō?
먹방(먹는 방송) 같이 볼래?

吃播有什么可看的。
Chībō yǒu shénme kě kàn de.
먹방 뭐 볼 게 있다고.

这个吃播还挺好看的。
Zhège chībō hái tǐng hǎokàn de.
이 먹방은 그래도 되게 재밌어.

📢 주인공 발음 장착하기!

MP3 102

☐☐☐ 要不要一起看吃播?

☐☐☐ 吃播有什么可看的。

☐☐☐ 这个吃播还挺好看的。

吃播 chībō 먹방(먹는 방송) · 可 kě ~할 만하다 · 还 hái 의외의 어감을 나타냄

问那么多干吗呀。

Wèn nàme duō gànmá ya.

뭐 이렇게 질문이 많아.

 동사구 + 干吗 = ~해서 뭐 해

 干吗 = 무엇을 하다

 问(물어보다) + 那么(그렇게) + 多(많다)
= 그렇게나 많이 물어보다니

 问(물어보다) + 那么多(그렇게나 많이) + 干吗(뭐 해) + 呀(어기조사)。
= 그렇게 많이 물어봐서 뭐 해(무엇 하려고). ▶ 뭐 이렇게 질문이 많아.

问那么多干吗呀。
Wèn nàme duō gànmá ya.
뭐 이렇게 질문이 많아.

我就是好奇中国人怎么想的嘛。
Wǒ jiùshì hàoqí zhōngguórén zěnme xiǎng de ma.
중국 사람들이 어떻게 생각하는지 궁금하잖아.

那你问对人了。
Nà nǐ wèn duì rén le.
그럼 잘 물어봤네(물어볼 상대를 잘 찾았네).

 주인공 발음 장착하기!

MP3 134

☐☐☐　问那么多干吗呀。

☐☐☐　我就是好奇中国人怎么想的嘛。

☐☐☐　那你问对人了。

干吗 gànmá 무엇을 하다　　**呀** ya 어세(語勢)를 돕기 위하여 문장의 끝에 사용하는 어기조사
就是 jiùshì 확고한 어기　　**好奇** hàoqí 호기심이 많다

你怎么才来啊。

Nǐ zěnme cái lái a.

너 왜 이제야 오는 거야.

 才来 = 이제야 오다

 怎么(왜) + **才**(이제야, ~에야 비로소) + **来**(오다)

= 왜 이제야 오는 거야

→ **才**라는 부사 앞에 시간(**现在** = 지금, **八点** = 8시) 등을 붙여서 말할
수도 있어요.

 你(주어) + **怎么**(의문사) + **才**(부사) + **来**(술어) + **啊**(의문의 어기)。

= 너 왜 이제야 오는 거야

你怎么才来啊，电影已经开始了！
Nǐ zěnme cái lái a, diànyǐng yǐjing kāishǐ le!
너 왜 이제야 오는 거야, 영화 이미 시작했잖아!

对不起，我迟到了。
Duìbuqǐ, wǒ chídào le.
미안해, 내가 늦었지.

行了，我们赶紧进去吧。
Xíng le, wǒmen gǎnjǐn jìnqù ba.
됐다, 빨리 들어가자.

 주인공 발음 장착하기!

MP3 106

☐☐☐ 你怎么才来啊，电影已经开始了！

☐☐☐ 对不起，我迟到了。

☐☐☐ 行了，我们赶紧进去吧。

才 cái ~에야 비로소 · 开始 kāishǐ 시작하다 · 赶紧 gǎnjǐn 서둘러. 급히 · 进去 jìnqù 들어가다

139

我都跟你说多少遍了.

Wǒ dōu gēn nǐ shuō duōshao biàn le.

내가 너한테 몇 번이나 말했니.

说多少遍了 = 몇 번이나 말했어

说(말하다) + 多少(얼마, 몇) + 遍(번, 회) + 了(완료의 어기)

= 몇 번이나 말했다

→ **多少**는 정해지지 않은 수량을 나타내요.

我(나) + 都(이미, 벌써) + 跟你(너에게) + 说多少遍了(몇 번이나 말했다).

= (내가 이미) 너한테 몇 번이나 말했니.

你今天又迟到了!
Nǐ jīntiān yòu chídào le!
너 오늘 또 지각이냐!

对不起，我错了。
Duìbuqǐ, wǒ cuò le.
미안해, 내가 잘못했어.

 我都跟你说多少遍了。
Wǒ dōu gēn nǐ shuō duōshao biàn le.
내가 너한테 몇 번이나 말했니(한두 번 얘기한 게 아니잖아).

 주인공 발음 장착하기!　　　　　　　　MP3 108

☐☐☐　你今天又迟到了!

☐☐☐　对不起，我错了。

☐☐☐　我都跟你说多少遍了。

又 yòu 또 · 迟到 chídào 지각하다 · 错 cuò 틀리다. 맞지 않다 · 跟 gēn ~와 · 多少 duōshao
얼마. 몇 · 遍 biàn 번

懒得跟你说。

Lǎn de gēn nǐ shuō.

너랑 말할 기분 아니야.

 懒得 + 동사(구) = ~하는 게 귀찮다, ~할 기분이 아니다

 懒得는 명사나 명사구를 목적어로 취할 수 없고, 동사나 동사구를 목적어로 취해요.

 懒得(~하는 게 귀찮다, ~할 기분이 아니다) + **跟你**(너에게) + **说**(말하다)。

= (너한테) 말하기 귀찮아. / (너랑) 말할 기분 아니야.

你怎么不理我了?

Nǐ zěnme bù lǐ wǒ le?

왜 상대 안 해주는 거야(너 왜 나 생까는 건데)?

懒得跟你说，反正说了你也不懂。

Lǎn de gēn nǐ shuō, fǎnzhèng shuō le nǐ yě bù dǒng.

너랑 말할 기분 아니야, 어차피 말해도 넌 모를 거야.

好吧，那你早点休息吧。

Hǎo ba, nà nǐ zǎodiǎn xiūxi ba.

알았다(좋아), 그럼 일찍 쉬어.

 주인공 발음 장착하기!

MP3 110

☐☐☐ 你怎么不理我了?

☐☐☐ 懒得跟你说，反正说了你也不懂。

☐☐☐ 好吧，那你早点休息吧。

理 lǐ 상대하다. 거들떠보다 · 反正 fǎnzhèng 어차피. 어쨌든 · 懂 dǒng 알다 · 休息 xiūxi 휴식하다

你不要再说了。

Nǐ búyào zài **shuō** le.

더 이상 말하지 마(그만 말해).

 不要再 ~了 = 더 이상 ~하지 마

 不要(~하지 마) + **再**(재차, 다시, 또) + 술어 + **了**(명령의 어기)

= 더 이상 ~하지 마

 你(너) + **不要再**(더 이상 ~하지 마) + **说**(말하다) + **了**(명령의 어기)。

= (너) 더 이상 말하지 마(그만 말해).

听说你被他甩了?

Tīngshuō nǐ bèi tā shuǎi le?

너 걔한테 차였다며?

你不要再说了，我不想提起那件事。

Nǐ búyào zài shuō le, wǒ bù xiǎng tíqǐ nà jiàn shì.

더 이상 얘기하지 마, 그 이야기는 안 하고 싶어.

好吧，我不说了。

Hǎo ba, wǒ bù shuō le.

알겠어, 그만 말할게.

 주인공 발음 장착하기!

MP3 112

☐☐☐ 听说你被他甩了?

☐☐☐ 你不要再说了，我不想提起那件事。

☐☐☐ 好吧，我不说了。

听说 tīngshuō 듣는 바로는 ～라 한다 · 被 bèi ～에게 ～당하다 · 甩 shuǎi (남녀 관계에서 상대방을) 차다 · 提起 tíqǐ 말을 꺼내다. 언급하다

你不用知道。

Nǐ búyòng zhīdào.

몰라도 돼(알 필요 없어).

 不用 ~ = ~할 필요 없다
→ '**不用**。(괜찮아요.)' 과 같이 단독으로 말할 수도 있고, '**不用, 不用**。
(괜찮아요. / 그럴 필요 없어요.)'과 같이 두 번 연이어 말할 수도 있
어요.

 참고로, '알고 있어야 해'와 같이 알 필요가 있다고 말할 땐 '**用**(사용하다)'
이 아닌 '**要**(해야 한다)'를 써서 **要知道**。(알고 있어야 해.)라고 말해요.

 你(너) + **不用**(~할 필요 없다) + **知道**(알다)。
= 너는 알 필요 없어. ▶ 네가 몰라도 돼.

他今天辞职了。
Tā jīntiān cízhí le.
걔 오늘 그만뒀대.

他怎么突然辞职了?
tā zěnme tūrán cízhí le?
걔는 왜 갑자기 그만뒀대?

这你不用知道。
Zhè nǐ búyòng zhīdào.
이건 네가 몰라도 돼(알 필요 없어).

📢 주인공 발음 장착하기!   MP3 114

 他今天辞职了。

 他怎么突然辞职了?

☐☐☐ 这你不用知道。

辞职 cízhí 사직하다 · 不用 búyòng ~할 필요가 없다 · 知道 zhīdào 알다

147

你跟我说清楚。

Nǐ gēn wǒ shuō qīngchu.

나한테 자세하게 얘기해 봐.

 说清楚 = 명확하게(분명하게) 말하다

 清楚 = 명확하다, 분명하다, 명백하다

 说(말하다) + 清楚(명확하게 ~하다) = 명확하게 말하다
清楚는 동사 뒤에서 결과보어로 쓰여 '명확하게 ~하다'라는 의미를 나타내요.

 你(너) + 跟我(나한테) + 说清楚(명확하게 말하다)。
= 너 나한테 명확하게 말해 봐. ▶ 너 나한테 자세하게 얘기해 봐.

这卡里的钱是哪儿来的?
Zhè kǎ lǐ de qián shì nǎr lái de?
이 카드에 있는 돈은 어디서 났어?

咦? 哪儿来的呢?
Yí? Nǎr lái de ne?
엉? 어디서 난 거지?

你快点儿跟我说清楚。
Nǐ kuài diǎnr gēn wǒ shuō qīngchu.
너 얼른 자세히 얘기해 봐.

 주인공 발음 장착하기!

MP3 116

◻◻◻ 这卡里的钱是哪儿来的?

◻◻◻ 咦? 哪儿来的呢?

◻◻◻ 你快点儿跟我说清楚。

卡 kǎ 카드 · 里 lǐ 속, 안 · 哪儿 nǎr 어디, 어느 곳 · 清楚 qīngchu 명확하다, 분명하다, 명백하다.

你这是什么态度啊?

Nǐ zhè shì shénme tàidù a?

너 이게 무슨 태도야?

 什么态度啊? = 무슨 태도야(태도가 왜 이래)?

 위의 문장에서 **这是**는 특별한 의미를 가지고 있지 않고, 문장에서 삽입어의 기능을 해요. (*삽입어란? 문장 내 성분과 구조적 관계를 이루지 않으며 위치가 비교적 자유로움)

 你(너) + **这是**(삽입어의 기능) + **什么态度**(무슨 태도) + **啊**(의문의 어기)?
= 너 이게 무슨 태도야? / 너 (날 대하는) 태도가 왜 이래?

你这是什么态度啊?
Nǐ zhè shì shénme tàidù a?
너 이게 무슨 태도야?

我怎么了?
Wǒ zěnme le?
내가 뭐 어때서?

 你不知道你哪儿错了吗?
Nǐ bù zhīdào nǐ nǎr cuò le ma?
네가 뭘 잘못했는지 모르겠어?

 주인공 발음 장착하기!

MP3 118

☐☐☐ 你这是什么态度啊?

☐☐☐ 我怎么了?

☐☐☐ 你不知道你哪儿错了吗?

态度 tàidù 태도 · 哪儿 nǎr 어디, 어느 곳 · 错 cuò 틀리다, 맞지 않다

151

你别乱说。

Nǐ bié luànshuō.

함부로 말하지 마.

 乱说 = 함부로 말하다

 别(~하지 마라) + 乱(함부로) + 说(말하다) = 함부로 말하지 마라

→ 乱는 '어지럽다. 혼란하다'라는 의미의 형용사로도 쓰이지만, 위의
문장에서는 '함부로'라는 의미의 부사로 쓰였어요.

 你(주어) + 别(부사) + 乱(부사) + 说(술어)。

= (너) 함부로 말하지 마.

你别乱说。
Nǐ bié luànshuō.
함부로 말하지 마.

我随便说的，别当真。
Wǒ suíbiàn shuō de, bié dàngzhēn.
난 그냥 말한 건데, 진지하게 받아들이지 마.

以后说话注意点儿。
Yǐhòu shuōhuà zhùyì diǎnr.
앞으로 말 조심해.

주인공 발음 장착하기!

MP3 120

☐☐☐ 你别乱说。

☐☐☐ 我随便说的，别当真。

☐☐☐ 以后说话注意点儿。

乱说 luànshuō 함부로 지껄이다 · **随便** suíbiàn 마음대로 · **当真** dàngzhēn 진실로 받아들이다, 정말로 여기다 · **说话** shuōhuà 말하다 · **注意** zhùyì 주의하다

① 要不要一起_____?
먹방(먹는 방송) 같이 볼래?

吃播有什么_____。②
먹방 뭐 볼 게 있다고.

③ _____干吗呀。
뭐 이렇게 질문이 많아.

我就是好奇中国人_____嘛。④
중국 사람들이 어떻게 생각하는지 궁금하잖아.

⑤ 你怎么_____啊，电影已经开始了!
너 왜 이제야 오는 거야, 영화 이미 시작했잖아!

对不起，我_____。⑥
미안해, 내가 늦었지.

⑦ 我都跟你说_____。
내가 너한테 몇 번이나 말했니(한두 번 얘기한 게 아니잖아).

对不起，_____。⑧
미안해, 내가 잘못했어.

⑨ _____，反正说了你也不懂。
너랑 말할 기분 아니야. 어차피 말해도 넌 모를 거야.

好吧，那你_____。⑩
알았다(좋아), 그럼 일찍 쉬어.

---

① 看吃播 ② 可看的 ③ 问那么多 ④ 怎么想的 ⑤ 才来
⑥ 迟到了 ⑦ 多少遍了 ⑧ 我错了 ⑨ 懒得跟你说 ⑩ 早点休息吧

⑪ **听说你被她_____?**
너 걔한테 차였다며?

你不要_____，我不想提起那件事。⑫
더 이상 얘기하지 마, 그 이야기는 안 하고 싶어.

⑬ **他怎么_____了?**
걔는 왜 갑자기 그만뒀대?

这你_____。⑭
이건 네가 몰라도 돼(알 필요 없어).

⑮ **这卡里的钱是_____?**
이 카드에 있는 돈은 어디서 났어?

咦?_____呢? ⑯
엉? 어디서 난 거지?

⑰ **我_____?**
내가 뭐 어때서?

你不知道你_____吗? ⑱
네가 뭘 잘못했는지 모르겠어?

⑲ **你_____。**
함부로 말하지 마.

我_____，别当真。⑳
난 그냥 말한 건데, 진지하게 받아들이지 마.

---

⑪ 甩了 ⑫ 再说了 ⑬ 突然辞职 ⑭ 不用知道 ⑮ 哪儿来的
⑯ 哪儿来的 ⑰ 怎么了 ⑱ 哪儿错了 ⑲ 别乱说 ⑳ 随便说的

DRAMA

SCENE
061~070

학습 완료
CHECK!
▼

061   062   063   064   065

不许笑。

Bùxǔ xiào.

웃으면 안 돼.

 不许 ~ = ~을 허락하지 않다, ~해서는 안 된다

 不许 + 동사

→ **不许**(~을 허락하지 않다) + **笑**(웃다)。

= 웃는 거 허락하지 않겠어. ▶ 웃으면 안 돼.(대화문 맥락상 '웃겨도 참
아. / 웃지 마.'라고 해석할 수도 있어요.)

 참고로 '**不许** + 주술구'의 형태로 말할 수도 있어요.

→ **不许**(~을 허락하지 않다) + **你哭**(네가 우는 것)。

= 네가 우는 것을 허락하지 않겠어. ▶ 네가 울면 안 돼.

哈哈哈，你唱得怎么这么难听啊。
Hā hā hā, nǐ chàng de zěnme zhème nántīng a.
하하하, 너 노래 왜 이렇게 못해.

你不许笑啊！
Nǐ bùxǔ xiào a!
웃으면 안 돼(웃겨도 참아)!

对不起，我没忍住。
Duìbuqǐ, wǒ méi rěnzhù.
미안해, 못 참았어.

📢 주인공 발음 장착하기!   MP3 122

◯◯◯ 哈哈哈，你唱得怎么这么难听啊。

◯◯◯ 你不许笑啊！

◯◯◯ 对不起，我没忍住。

唱 chàng 노래하다 · 得 de 동사/형용사의 뒤에 쓰여, 정도를 표시하는 보어를 연결시키는 역할
· 难听 nántīng 듣기 싫다. 귀에 거슬리다 · 不许 bùxǔ ~을 허락하지 않다 · 笑 xiào 웃다 ·
忍住 rěnzhù 꾹 참다

少说两句。

Shǎo shuō liǎng jù.

그만 좀 말해.

 少 + 동사 = 작작 ~해라

 少(작작) + **说**(말하다) + **两**(몇) + **句**(마디)

→ **少**(작작, 그만)는 명령문에서 어떤 행위를 삼가라는 뉘앙스로 쓰여요. 그리고 **两**(두어, 몇) 뒤에 **句**(마디)를 붙여 말하면 '몇 마디(의 말)'이란 뜻이 돼요.

 少(작작) + **说**(말하다) + **两句**(몇 마디)。

= 작작 몇 마디만 (말)해라(작작 좀 말해라). ▶ 말 좀 적당히 해라.(대화문 맥락상 '그만 (좀) 말해라.'와 같이 해석할 수 있어요.)

你不觉得他有点儿问题吗?
Nǐ bù juéde tā yǒu diǎnr wèntí ma?
너는 걔가 문제가 없다고 생각해?

你少说两句，行吗?
Nǐ shǎo shuō liǎng jù, xíng ma?
그만 좀 말하면 안 되겠니?

好好好，我不说了。
Hǎo hǎo hǎo, wǒ bù shuō le.
그래 그래(알겠다고), 그만 말하면 되잖아.

📢 주인공 발음 장착하기!   MP3 124

☐☐☐ 你不觉得他有点儿问题吗?

☐☐☐ 你少说两句，行吗?

☐☐☐ 好好好，我不说了。

少 shǎo 작작. 그만 · 两 liǎng 두어. 몇몇 ('几'와 거의 비슷한 뜻으로 쓰임) · 句 jù 마디 ·
行 xíng 좋다. 괜찮다

我才不信呢。

Wǒ cái bú xìn ne.

난 절대 안 믿어.

 주어 + 才 + 不 술어 呢 = 주어는 ~하지 않거든

 才는 '방금, 이제 막'이라는 뜻으로도 사용되지만, 위 문장에서는 주어를 강조하는 역할(**我才** = 나야말로, 내 입장에서는 등의 뉘앙스)로 쓰였어요. 문장 끝에 **呢**라는 어기조사와 자주 어울려서 사용돼요.

 我(나) + **才**(주어 강조) + **不信**(믿지 않는다) + **呢**(어기조사)。
= 나는 믿지 않거든. ▶ 난 절대 안 믿어.

他这次数学考试得了满分。
Tā zhècì shùxué kǎoshì dé le mǎnfēn.
걔 이번 수학 시험 만점 받았대.

他学习那么差，我才不信呢。
Tā xuéxí nàme chà, wǒ cái bú xìn ne.
걔가 공부를 그렇게 못하는데, 난 절대 안 믿어.

是真的。
Shì zhēnde.
진짜야.

📢 **주인공 발음 장착하기!**

MP3 126

☐☐☐ 他这次数学考试得了满分。

☐☐☐ 他学习那么差，我才不信呢。

☐☐☐ 是真的。

这次 zhècì 이번 · 数学 shùxué 수학 · 得 dé 얻다. 획득하다 · 满分 mǎnfēn 만점 · 学习
xuéxí 공부 · 差 chà 나쁘다. 좋지 않다 · 才 cái ~야말로 (주어를 강조하는 뜻으로 사용함)

说这些有什么用啊。

Shuō zhèxiē yǒu shénme yòng a.

말해 봤자 무슨 소용이야.

 有什么用 = 무슨 소용이 있어

 有(있다) + **什么**(불만의 어기) + **用**(쓸모, 용도)

= 무슨 소용이 있어

 说(말하다) + **这些**(이런 것들) + **有**(있다) + **什么用**(무슨 소용) + **啊**

(의문의 어기)。

= 이런 것들을 말하는 게 무슨 소용이 있겠어. ▶ 말해 봤자 무슨 소용

이야.

说这些有什么用啊。
shuō zhèxiē yǒu shénme yòng a.
말해 봤자 무슨 소용이야.

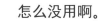

怎么没用啊。
Zěnme méi yòng a.
왜 소용이 없어.

其实没有勇气跟她说。
Qíshí méiyǒu yǒngqì gēn tā shuō.
사실 걔한테 말할 용기가 안 나.

📢 주인공 발음 장착하기!

MP3 128

☐☐☐ 说这些有什么用啊。

☐☐☐ 怎么没用啊。

☐☐☐ 其实没有勇气跟她说。

这些 zhèxiē 이런 것들 · 有用 yǒu yòng 쓸모가 있다. 유용하다 · 勇气 yǒngqì 용기

你试一下。

Nǐ shì yíxià.

네가 한번 (시도)해 봐.

 试一下 = 한번 해 봐

 동사 + **一下**(한번) = 한번(시험 삼아) ~하다, 좀 ~하다

→ 위의 문장에서 **一下**는 '시험 삼아, 한번 (시도하다)'의 뉘앙스를 나
타내요. 또한 '**等一下**。(잠깐 기다려.) / **休息一下**。(좀 쉬어.)'와 같
이 동작의 지속 시간이 짧거나 가벼움을 나타낼 수도 있어요.

 你(너) + **试**(시도하다) + **一下**(한번)。

= 너 한번 시도해 봐. ▶ 입어 봐.

我觉得这件衣服不适合我。
Wǒ juéde zhè jiàn yīfu bú shìhé wǒ.
이 옷 나한테 안 어울리는 거 같아.

先试试吧。
Xiān shìshi ba.
일단 입어 봐.

好好好，我去试一下。
Hǎo hǎo hǎo, wǒ qù shì yíxià.
그래그래, 가서 한번 입어 볼게.

📢 주인공 발음 장착하기!

MP3 130

☐☐☐ 我觉得这件衣服不适合我。

☐☐☐ 先试试吧。

☐☐☐ 好好好，我去试一下。

件 jiàn 벌(옷을 세는 양사) · **衣服** yīfu 옷 · **适合** shìhé 적합하다. 알맞다 · **试** shì 시도하다
· **一下** yíxià 좀 ~하다. 한번 ~하다

你可以试着尝一下。

Nǐ kěyǐ shizhe cháng yíxià.

한번 먹어 봐.

 试着尝一下 = 맛 좀 봐, 먹어 봐

 试着 + 동사 + **一下** = ~하는 것을 시도하다, (한번) ~좀 해 보다
→ **试着尝一下** = 맛 좀 보다, 먹어 보다

 你(너) + **可以**(~해도 좋다) + **试着**(시도해 보다) + **尝**(맛보다) + **一下**
(좀 ~하다)。
= 한번 맛을 보는 것도(먹어 봐도) 좋을 거 같아. ▶ 한번 맛 좀 봐. / 한
번 먹어 봐.

你吃过螺蛳粉吗？我可不敢吃。

Nǐ chīguo luósīfěn ma? Wǒ kě bùgǎn chī.

너 뤄쓰펀(우렁이 국수) 먹어본 적 있어? 난 먹을 엄두가 안 나.

你可以试着尝一下。

Nǐ kěyǐ shìzhe cháng yíxià.

한번 먹어 봐.

 到底什么味道啊？

Dàodǐ shénme wèidao a?

대체 무슨 맛이야?

📢 주인공 발음 장착하기!

MP3 132

☐☐☐ 你吃过螺蛳粉吗？我可不敢吃。

☐☐☐ 你可以试着尝一下。

☐☐☐ 到底什么味道啊？

螺蛳粉 luósīfěn 뤄쓰펀(우렁이 국수) · 不敢 bùgǎn ～할 엄두가 안 나다 · 到底 dàodǐ 도대체 ·
味道 wèidao 맛

要**不你来试试**?

Yàobù nǐ lái shìshi?

아니면 네가 (한번) 해 볼래?

 要不 = 아니면, 그렇지 않으면(그러지 않으면)
→ 일상 대화에서 '아니면, 그러면'으로 자연스럽게 해석 돼요.

 A(행위의 주체) + 来 + 동사 = A가 (적극적으로) 나서서 ~하다

 要不(아니면) + 你(너) + 来(적극성을 나타냄) + 试试(한번 해 보다)?
= 아니면 네가 (한번) 해 볼래?

这道菜看起来很简单啊?
Zhè dào cài kàn qǐlái hěn jiǎndān a?
이 요리는 쉬워 보이는데?

要不你来试试?
Yàobù nǐ lái shìshi?
아니면 네가 해 볼래?

我还不熟练。
Wǒ hái bù shúliàn.
난 아직 서툴러서.

 주인공 발음 장착하기!

MP3 134

☐☐☐ 这道菜看起来很简单啊?

☐☐☐ 要不你来试试?

☐☐☐ 我还不熟练。

道 dào 요리를 세는 양사 · 菜 cài 요리 · 简单 jiǎndān 간단하다 · 要不 yàobù 아니면, 그렇지
않으면 · 来 lái 동사의 앞에 쓰여 적극성을 나타냄

171

要不要一起去?

Yào bu yào yìqǐ qù?

같이 갈래?

 要不要 = ~할래 안 할래?

 要不要一起去吗? (×)
要不要는 긍정(**要**) + 부정(**不要**)의 형태로 의문을 나타내고 있기 때문에, 문장 끝에 의문을 나타내는 조사 '**吗**'를 붙일 수 없어요.

 要不要(~할래 안 할래?) + **一起**(같이) + **去**(가다)?
= 같이 갈래 안 갈래? ▶ 같이 갈래?

明天我们出去玩儿，你要不要一起去？
Míngtiān wǒmen chūqù wánr, nǐ yào bu yào yìqǐ qù?
우리 내일 놀러 가기로 했는데, 같이 갈래?

好啊，我刚好明天有时间。
Hǎo a, wǒ gānghǎo míngtiān yǒu shíjiān.
좋아, 나 마침 내일 시간 돼.

那我们明天见。
Nà wǒmen míngtiān jiàn.
그럼 우리 내일 보자.

 주인공 발음 장착하기!   MP3 136

◻◻◻ 明天我们出去玩儿，你要不要一起去？

◻◻◻ 好啊，我刚好明天有时间。

◻◻◻ 那我们明天见。

出去 chūqù 나가다 · 刚好 gānghǎo 마침

173

我方便坐下吗?

Wǒ fāngbiàn zuòxià ma?

제가 앉아도 될까요?

 方便 + 동사구 + 吗? = ~해도 될까요? / ~할 수 있을까요?

 동사구 자리에 다양하게 넣어 말할 수 있어요.

方便(적합하다) + **接电话**(전화를 받다) + **吗?**

= 통화 괜찮으세요?

 我(나) + **方便**(적합하다) + **坐下**(앉다) + **吗**(의문조사)**?**

= 제가 앉아도 될까요?

这儿有人吗？我方便坐下吗？
Zhèr yǒu rén ma? Wǒ fāngbiàn zuòxià ma?
여기 자리 있나요? 제가 앉아도 될까요?

可以可以，请坐。
Kěyǐ kěyǐ, qǐng zuò.
그러세요(돼요), 앉으세요.

那个... 你有男朋友吗？
Nàge... nǐ yǒu nánpéngyou ma?
저기... 남자친구 있어요?

 주인공 발음 장착하기!　　　MP3 138

☐☐☐ 这儿有人吗？我方便坐下吗？

☐☐☐ 可以可以，请坐。

☐☐☐ 那个... 你有男朋友吗？

方便 fāngbiàn 적합하다, 적당하다 · 坐下 zuòxià 앉다 · 可以 kěyǐ ~해도 좋다 · 请坐 qǐng zuò
앉으세요 · 男朋友 nánpéngyou 남자친구

175

有什么话就直说吧。

Yǒu shénme huà jiù zhíshuō ba.

할 말 있으면 속시원히 말해.

 A(가정/조건을 나타내는 문장) + 就 + B(결과를 나타내는 문장)
= A한다면 B한다

 有什么话(어떤 말을 가지고 있다) + **就**(~면) + **直说**(솔직히 말하다)
= 할 말 있으면 속시원히 말해

 有(있다) + **什么**(어떤, 무슨) + **话**(말) + **就**(~면) + **直说**(직설적으로/
솔직히 말하다) + **吧**(권유의 어기)。
= (어떤) 할 말이 있으면 솔직히 말해. ▶ 할 말 있으면 속시원히(털어
놓고) 말해. / 할 말 있으면 털어놔.

那个... 你手里有钱吗?

Nàge... nǐ shǒuli yǒu qián ma?

저기... 너 여윳돈 있어?

什么呀，有什么话就直说吧。

Shénme ya, yǒu shénme huà jiù zhíshuō ba.

뭔데, 할 말 있으면 속시원히 말해 봐.

你可以借我五百块钱吗?

Nǐ kěyǐ jiè wǒ wǔbǎi kuài qián ma?

나 500위안 빌려 줄 수 있을까?

📢 주인공 발음 장착하기!　　　　　　　　　　MP3 140

☐☐☐　那个... 你手里有钱吗?

☐☐☐　什么呀，有什么话就直说吧。

☐☐☐　你可以借我五百块钱吗?

那个 nàge 그, 그것 · 手里 shǒuli 손, 수중(手中) · 钱 qián 돈 · 直说 zhíshuō 숨기지 않고 솔직히 말하다 · 借 jiè 빌리다 · 五百 wǔbǎi 500 · 块 kuài 중국의 화폐 단위

① 哈哈哈，你唱得_____难听啊。
하하하, 너 노래 왜 이렇게 못해.

你_____啊! ②
웃으면 안 돼(웃겨도 참아)!

③ 你不觉得他_____吗?
너는 걔가 문제가 없다고 생각해?

你_____, 行吗? ④
그만 좀 말하면 안 되겠니?

⑤ 他这次数学考试_____。
걔 이번 수학 시험 만점 받았대.

他学习那么差，_____呢。 ⑥
걔가 공부를 그렇게 못하는데, 난 절대 안 믿어.

⑦ 说这些_____啊。
말해 봤자 무슨 소용이야.

_____啊。 ⑧
왜 소용이 없어.

⑨ 我觉得这件衣服_____我。
이 옷 나한테 안 어울리는 거 같아.

_____吧。 ⑩
일단 입어 봐.

① 怎么这么 ② 不许笑 ③ 有点儿问题 ④ 少说两句 ⑤ 得了满分
⑥ 我才不信 ⑦ 有什么用 ⑧ 怎么没用 ⑨ 不适合 ⑩ 先试试

⑪ **到底＿＿＿＿＿＿＿啊?**
대체 무슨 맛이야?

你可以＿＿＿＿＿＿＿尝一下。 ⑫
한번 먹어 봐.

 ⑬ **这道菜＿＿＿＿＿＿＿很简单啊?**
이 요리는 쉬워 보이는데?

要不＿＿＿＿＿＿＿? ⑭
아니면 네가 해 볼래?

 ⑮ **明天我们＿＿＿＿＿＿＿, 你要不要一起去?**
우리 내일 놀러 가기로 했는데, 같이 갈래?

好啊, 我＿＿＿＿＿＿＿明天有时间。 ⑯
좋아, 나 마침 내일 시간 돼.

 ⑰ **这儿有人吗? 我＿＿＿＿＿＿＿吗?**
여기 자리 있나요? 제가 앉아도 될까요?

＿＿＿＿＿＿＿, 请坐。 ⑱
그러세요(돼요), 앉으세요.

⑲ **有什么话就＿＿＿＿＿＿＿。**
할 말 있으면 속시원히 말해 봐.

你可以＿＿＿＿＿＿＿五百块钱吗? ⑳
나 500위안 빌려 줄 수 있을까?

---

⑪ 什么味道 ⑫ 试着 ⑬ 看起来 ⑭ 你来试试 ⑮ 出去玩儿
⑯ 刚好 ⑰ 方便坐下 ⑱ 可以可以 ⑲ 直说吧 ⑳ 借我

SCENE
071~080

학습 완료
CHECK!
▼

071   072   073   074   075

我来吧。

Wǒ lái ba.

내가 할게.

 주어 + 来 + 吧 = ~(주어)가 할게

 来는 의미가 구체적인 동사를 대신하여 '(어떤 행동을) 하다'라는 의미로 쓰여요. → 我来吧。 = 내가 할게.

 참고로 来가 동사 앞에 쓰일 때는 어떤 행동을 하고자 하는 '적극성'을 나타내요. → 我来买吧。 = 내가 살게.

 我(나) + 来(~하다) + 吧(제의의 어기)。
= 내가 할게.

今天这顿饭我来请吧。
Jīntiān zhè dùn fàn wǒ lái qǐng ba.
오늘 밥은 내가 살게.

不行不行，今天我来。
Bùxíng bùxíng, jīntiān wǒ lái.
안 돼 안 돼(아냐 아냐), 오늘은 내가 사야지.

还是我来吧。
Háishi wǒ lái ba.
그래도 내가 살게.

🔊 주인공 발음 장착하기!

MP3 142

☐☐☐ 今天这顿饭我来请吧。

☐☐☐ 不行不行，今天我来。

☐☐☐ 还是我来吧。

顿 dùn 끼니(식사의 횟수를 세는 양사) · 来 lái 어떤 동작·행동을 하다(구체적인 동사를 대신하여 사용함) · 不行 bùxíng 안 된다 · 还是 háishi 그래도

我建议你认真考虑一下。

Wǒ jiànyì nǐ rènzhēn kǎolǜ yíxià.

진지하게 고민해 봤으면 좋겠어.

 建议 + A(사람) + B(동작) = A가 B하기를 권하다

 A + 建议(권하다) + B + 동작

= A는 B가 ~하기를 권하다(상대방에게 의견을 제시할 때)

 我(나) + **建议**(권하다) + **你**(너) + **认真考虑一下**(진지하게 한번 고민해 보다)**。**

= (나는 네가) 진지하게 고민해 봤으면 좋겠어.

DRAMA ON

你跟我一起去中国留学，怎么样？
Nǐ gēn wǒ yìqǐ qù Zhōngguó liúxué, zěnmeyàng?
나랑 같이 중국 유학 가는 거 어때?

这太突然了。
Zhè tài tūrán le.
이거 너무 급작스러운데.

我建议你认真考虑一下。
Wǒ jiànyì nǐ rènzhēn kǎolǜ yíxià.
(난 네가) 진지하게 고민해 봤으면 좋겠어.

📢 주인공 발음 장착하기!　　　　　　　MP3 144

☐☐☐　你跟我一起去中国留学，怎么样？

☐☐☐　这太突然了。

☐☐☐　我建议你认真考虑一下。

留学 liúxué 유학하다　·　建议 jiànyi 권하다　·　认真 rènzhēn 진지하다　·　考虑 kǎolǜ 고려하다

我陪你一起去，好不好?

Wǒ péi nǐ yìqǐ qù, **hǎo bu hǎo?**

내가 같이 가 줄게, 응(어때)?

 陪 + A(사람) + 一起 + B(동사) = A와 동반하여 B하다

 陪(모시다, 동반하다) + 你(너) = (너랑) 같이 있어 주다, (너랑) 같이 해 주다

陪(모시다, 동반하다) + 你(너) + 去(가다) = (너와) 같이 가 주다

 我(나) + 陪你(너를 동반하여) + 一起去(같이 가다) + 好不好(좋아 안 좋아)? = 내가 (너와) 같이 가 줄게, 응?

→ 好不好는 일상 대화에서 자연스럽게 '응? / 어때?'로 해석되며 그렇게 하면 어떨지 가볍게 물어보는 표현이에요.

你看着很不舒服。

Nǐ kànzhe hěn bù shūfu.

너 많이 아파 보여.

我现在肚子疼得厉害。

Wǒ xiànzài dùzi téng de lìhai.

지금 배가 너무 아프네.

我陪你一起去医院吧，好不好?

Wǒ péi nǐ yìqǐ qù yīyuàn ba, hǎo bu hǎo?

내가 병원 같이 가 줄게, (가자) 응?

📢 주인공 발음 장착하기!　　　　　　　　　MP3 146

☐☐☐　你看着很不舒服。

☐☐☐　我现在肚子疼得厉害。

☐☐☐　我陪你一起去医院吧，好不好?

看着 kànzhe 보기에는 · 肚子 dùzi 배 · 疼 téng 아프다 · 厉害 lìhai 심하다, 지독하다 ·
医院 yīyuàn 병원

不试试怎么知道?

Bú shìshi zěnme zhīdào?

해 보지도 않고 어떻게 알아?

 不 + 동사 + 怎么知道 = ~해 보지도 않고 어떻게 알아?

 试 = 시도하다, 해보다 → **试试** = (좀) 시도해 보다

 위의 문장에서 **不试试**은 '해 보지 않는다면'이라는 가정의 의미가 있어요. '가정'의 의미를 살려 **不试试** 부분은 올라가는 억양으로 말하면 자연스러워요.

 不(부정) + **试试**(한번 해 보다) + **怎么**(어떻게) + **知道**(알다)?
= 해 보지도 않고 어떻게 알아?

你跟她进展得怎么样了?

Nǐ gēn tā jìnzhǎn de zěnmeyàng le?

너 걔랑 어떻게 돼 가고 있어?

估计没戏了。

gūjì méixì le.

가망이 없어 보여.

你不试试怎么知道?

Nǐ bú shìshi zěnme zhīdào?

해 보지도 않고 어떻게 알아?

📢 주인공 발음 장착하기!　　　　　　　　　　　　MP3 148

☐☐☐　你跟她进展得怎么样了?

☐☐☐　估计没戏了。

☐☐☐　你不试试怎么知道?

进展 jìnzhǎn 진전하다　·　怎么样了? zěnmeyàng le? 어떻게 됐어?　·　估计 gūjì 추측(짐작)하다
·　没戏 méixì 가망(희망)이 없다

那就这么说定了。

Nà jiù zhème shuōding le.

그럼 그렇게 하자.

 说定了 = (그렇게 하기로) 결정했다, 약속했다

 说(말하다) + **定**(정하다) = 결정하다, 약속하다

→ '술어 + 결과보어' 구조예요.

 那就(그러면) + **这么**(이렇게) + **说定了**(결정했다)。

= 그러면 이렇게 결정하는 거야. ▶ 그러면 이렇게 하는 걸로 (결정)한

거야. / 그럼 그렇게 하자.

我们周末去逛街吧。
Wǒmen zhōumò qù guàngjiē ba.
우리 주말에 쇼핑 가자.

上午去怎么样?
Shàngwǔ qù zěnmeyàng?
오전에 가는 거 어때?

好啊,那就这么说定了。
Hǎo a, nà jiù zhème shuōdìng le.
좋아, 그럼 그렇게 하자.

 주인공 발음 장착하기!

MP3 150

☐☐☐ 我们周末去逛街吧。

☐☐☐ 上午去怎么样?

☐☐☐ 好啊,那就这么说定了。

说定 shuōdìng 그렇게 하기로 결정하다. 약속하다 · 周末 zhōumò 주말 · 逛街 guàngjiē 쇼핑하다
· 上午 shàngwǔ 오전

那先这样吧。

Nà xiān zhèyàng ba.

그럼 일단 그렇게 하자.

 先这样吧 = 일단 이렇게(그렇게) 하자

 先(먼저, 일단) + **这样**(이렇게, 이렇다) = 일단 이렇게 하다

→ **这样**의 사전적 의미는 '이렇게'지만, 일상 대화에서 문맥상 자연스
럽게 '그렇게'라고도 해석해요.

 那(그럼) + **先**(일단) + **这样**(이렇게) + **吧**(제안의 어기)。 = 그럼 일단
이렇게 하자.

我们买什么礼物好呢?
Wǒmen mǎi shénme lǐwù hǎo ne?
우리 무슨 선물 사는 게 좋을까?

明天我们一起去逛一下吧。
Míngtiān wǒmen yìqǐ qù guàng yíxià ba.
내일 우리 같이 구경하러 가 보자.

好吧，那先这样吧。
Hǎo ba, nà xiān zhèyàng ba.
좋아, 일단 그렇게 하자.

 주인공 발음 장착하기!   MP3 152

☐☐☐ 我们买什么礼物好呢?

☐☐☐ 明天我们一起去逛一下吧。

☐☐☐ 好吧，那先这样吧。

礼物 lǐwù 선물 · 逛 guàng 구경하다. 쇼핑하다 · 先 xiān 먼저. 일단

我自己想办法。

Wǒ zìjǐ xiǎng bànfǎ.

내가 알아서 할게.

 自己想办法 = 알아서 할게

 自己(스스로, 알아서) + **想**(생각하다) + **办法**(방법)

= 스스로 방법을 생각하다 ▶ 알아서 (해결)하다

 주어에 따라 의미가 아래와 같이 달라져요.

→ **我自己想办法。** = 내가 알아서 할게.

　你自己想办法。 = 네가 알아서 해.

 我(주어) + **自己**(부사어) + **想**(동사) + **办法**(목적어)。

= 내가 알아서 방법을 생각해 볼게. ▶ 내가 알아서 할게.

我没带伞，你能来接我吗?
Wǒ méi dài sǎn, nǐ néng lái jiē wǒ ma?
나 우산 못 챙겼는데, 데리러 올 수 있어?

我还在公司，现在不行。
Wǒ hái zài gōngsī, xiànzài bùxíng.
나 아직도 회사라서 지금은 안 되는데.

 好吧，我自己想办法。
Hǎo ba, wǒ zìjǐ xiǎng bànfǎ.
괜찮아(알겠어), 내가 알아서 할게.

📢 주인공 발음 장착하기!   MP3 154

☐☐☐ 我没带伞，你能来接我吗?

☐☐☐ 我还在公司，现在不行。

☐☐☐ 好吧，我自己想办法。

带 dài 지니다. 휴대하다 · 伞 sǎn 우산 · 接 jiē 마중하다 · 还 hái 아직 · 办法 bànfǎ 방법

195

你自己看着办吧。

Nǐ zìjǐ kànzhe bàn ba.

네가 알아서 해.

 看着办 = 알아서 하다

 看着(봐 가면서) + **办**(하다, 처리하다) = 알아서 하다

 你(너) + **自己**(혼자, 스스로) + **看着办**(알아서 하다) + **吧**(권유를 나타 냄)。
= 너 혼자 알아서 해. ▶ 네가 알아서 해.

你说我要不要退了这件衣服？
Nǐ shuō wǒ yào bu yào tuì le zhè jiàn yīfu?
나 이 옷 환불할까 말까?

你自己看着办吧。
Nǐ zìjǐ kànzhe bàn ba.
네가 알아서 해.

你就给我提点意见嘛。
Nǐ jiù gěi wǒ tí diǎn yìjiàn ma.
네 의견 좀 얘기해 줘 봐.

📢 주인공 발음 장착하기!　　MP3 156

☐☐☐　你说我要不要退了这件衣服？

☐☐☐　你自己看着办吧。

☐☐☐　你就给我提点意见嘛。

退 tuì 환불하다 · 提 tí 말하다 · （一）点 yìdiǎn 조금 · 意见 yìjiàn 의견 · 嘛 ma 뚜렷한 사실을 강조할 때 쓰임

那接下来我们怎么办?

Nà jiēxiàlái wǒmen zěnme bàn?

그럼 이제 우리 어떡하지?

 接下来 = 이제, 다음은

→ '앞에 일어난 일에 이어서'라는 의미로 쓰여요. 하던 일을 다 하고
난 후 '이제 뭘 해야 하지?'라고 할 때, **接下来**를 사용해서 말하면
돼요.

 那(그러면) + **接下来**(이제) + **我们**(우리) + **怎么办**(어떡하지)?

= 그러면 이제 우리는 어떡하지?

→ 대화문에서는 맥락상 '이렇게 되면 우리는 어떻게 되는 거지(해야
하는 거지)?'와 같은 의미를 내포하고 있어요.

他们说飞机晚点了。
Tāmen shuō fēijī wǎndiǎn le.
(걔네) 비행기 연착됐대.

那接下来我们怎么办?
Nà jiēxiàlái wǒmen zěnme bàn?
그럼 이제 우리 어떡하지?

 没办法，我们只能等着了。
Méi bànfǎ, wǒmen zhǐ néng děngzhe le.
어쩔 수 없지, (우리는) 그냥 기다리는 거지 뭐.

 주인공 발음 장착하기!

MP3 158

☐☐☐ 他们说飞机晚点了。

☐☐☐ 那接下来我们怎么办?

☐☐☐ 没办法，我们只能等着了。

飞机 fēijī 비행기 · 晚点 wǎndiǎn 연착하다 · 着 zhe 동작이 끝난 뒤 지속을 나타냄

我帮你问问吧。

Wǒ bāng nǐ wènwen **ba.**

내가 물어봐 줄게.

 帮 + A(대상) + B(동작) = A를 도와/거들어 B하다

→ **帮**의 사전적 의미는 '돕다, 거들어 주다'인데, 위의 구조로 어떤 대상에게 '~해 주다'라는 의미로 일상생활에서 자주 쓰여요.

 我(나) + **帮你**(너를 도와서/거들어) + **问问**(한번 물어보다) + **吧**(제안의 어기)。

= 내가 (너를 거들어 한번) 물어봐 줄게. ▶ 내가 (대신) 물어봐 줄게.

你有她的微信吗?
Nǐ yǒu tā de wēixìn ma?
너 걔 위챗 있어?

我也没有，我帮你问问吧。
Wǒ yě méiyǒu, wǒ bāng nǐ wènwen ba.
나도 없어, 내가 물어봐 줄게.

谢谢，那就拜托你了。
Xièxie, nà jiù bàituō nǐ le.
고마워, 그럼 부탁할게.

🔊 주인공 발음 장착하기!　　　MP3 160

◻◻◻ 你有她的微信吗?

◻◻◻ 我也没有，我帮你问问吧。

◻◻◻ 谢谢，那就拜托你了。

微信 wēixin 위챗(중국의 SNS)　·　帮 bāng 돕다　·　拜托 bàituō 부탁드리다

① 今天这顿饭_____。
오늘 밥은 내가 살게.

还是_____。 ②

그래도 내가 살게.

③ 你跟我一起_____，怎么样?
나랑 같이 중국 유학 가는 거 어때?

这太_____了。 ④

이거 너무 급작스러운데.

⑤ 我现在肚子疼得_____。
지금 배가 너무 아프네.

_____一起去医院吧。 ⑥

내가 병원 같이 가 줄게.

⑦ 你跟她进展得_____?
너 걔랑 어떻게 돼가고 있어?

估计_____。 ⑧

가망이 없어 보여.

⑨ _____怎么样?
오전에 가는 거 어때?

好啊，那就_____。 ⑩

좋아, 그럼 그렇게 하자.

① 我来请吧 ② 我来吧 ③ 去中国留学 ④ 突然 ⑤ 厉害
⑥ 我陪你 ⑦ 怎么样了 ⑧ 没戏了 ⑨ 上午去 ⑩ 这么说定了

⑪ 我们_____礼物好呢?

우리 무슨 선물 사는 게 좋을까?

明天我们一起去_____吧。⑫

내일 우리 같이 구경하러 가 보자.

 ⑬ 我没带伞, 你能来_____吗?

나 우산 못 챙겼는데, 데리러 올 수 있어?

我还在公司, _____。⑭

나 아직도 회사라서 지금은 안 되는데.

 ⑮ 你说我_____了这件衣服?

나 이 옷 환불할까 말까?

你自己_____。⑯

네가 알아서 해.

 ⑰ 他们说飞机_____。

(걔네) 비행기 연착됐대.

_____ 我们怎么办? ⑱

그럼 이제 우리 어떡하지?

⑲ 你有_____吗?

너 걔 위챗 있어?

我也没有, _____ 问问吧。⑳

나도 없어, 내가 물어봐 줄게.

---

⑪ 买什么 ⑫ 逛一下 ⑬ 接我 ⑭ 现在不行 ⑮ 要不要退
⑯ 看着办吧 ⑰ 晚点了 ⑱ 那接下来 ⑲ 他的微信 ⑳ 我帮你

SCENE
081~090

학습 완료
CHECK!
▼

081   082   083   084   085

我想到一个办法。

Wǒ xiǎng dào yí ge bànfǎ.

나 방법이 생각났어.

 想到 = 생각이 나다

 想(생각하다) + **到**(~에 미치다, ~에 이르다)

= 생각이 ~에 이르다 ▶ 생각이 나다

→ **到**는 동사 뒤에 쓰여서 동작이 목적에 도달하거나 성취된 것을 나타내요.

 我(나) + **想到**(생각나다) + **一个**(한 개) + **办法**(방법).

= 나 (한 가지) 방법이 생각났어. ▶ 대화문 맥락상 자연스럽게 '좋은 생각이 있어.(방법이 하나 있지.)'라고 해석할 수도 있어요.

她最近总是不接我电话，怎么办?
Tā zuìjìn zǒngshì bù jiē wǒ diànhuà, zěnme bàn?
걔 요즘 계속 내 전화를 안 받아, 어떡하지?

我想到一个办法。
Wǒ xiǎng dào yí ge bànfǎ.
나 방법이 생각났어(좋은 생각이 있어).

 什么呀，快点告诉我。
Shénme ya, kuàidiǎn gàosu wǒ.
뭔데, 빨리 알려 줘.

 주인공 발음 장착하기!   MP3 162

☐☐☐ 她最近总是不接我电话，怎么办?

☐☐☐ 我想到一个办法。

☐☐☐ 什么呀，快点告诉我。

最近 zuìjìn 요즘 · 总是 zǒngshì 항상 · 接 jiē (전화를) 받다 · 快点 kuàidiǎn 빨리 · 告诉 gàosu 알려 주다

这件事我一定会解决好的。

Zhè jiàn shì wǒ yídìng huì jiějué hǎo de.

이 일은 제가 꼭 잘 해결할 거예요.

 一定会 ~ 的 = 반드시 ~할 것이다

 一定(반드시, 꼭) + **会**(~할 것이다) + **的**(확신의 어기)

= 반드시 ~할 것이다

→ **会**는 문장 끝에 **的**와 자주 어울려 쓰이며, 생략도 가능합니다. 위에
서는 **的**가 쓰여 확신의 어감을 나타내요.

 这件事(이 일) + **我**(나) + **一定会**(꼭 ~할 것이다) + **解决**(해결하다) +
好(잘) + **的**(확신의 어기)。

= 이 일은 제가 꼭 잘 해결할 거예요.

吃了你们家的东西，我吃坏了肚子。
Chī le nǐmen jiā de dōngxi, wǒ chī huài le dùzi.
여기 요리 먹고 (저) 배탈 났어요.

对不起，这件事我一定会解决好的。
Duìbuqǐ, zhè jiàn shì wǒ yídìng huì jiějué hǎo de.
죄송합니다, 이 일은 제가 반드시 잘 해결하도록 하겠습니다.

你们要赔偿我医药费。
Nǐmen yào péicháng wǒ yīyàofèi.
(당신들이 저에게) 치료비 배상하세요.

📢 주인공 발음 장착하기!　　　　　　　　　　MP3 164

☐☐☐　吃了你们家的东西，我吃坏了肚子。

☐☐☐　对不起，这件事我一定会解决好的。

☐☐☐　你们要赔偿我医药费。

坏 huài 탈이 나다 · 肚子 dùzi 배 · 要 yào ~해야 한다 · 赔偿 péicháng 배상하다 · 医药费 yīyàofèi 치료비

稍微好一点了。

Shāowēi hǎo yìdiǎn le.

좀 나아졌네.

 稍微好一点 = 조금 더 낫다

 稍微(조금, 좀) + **동사** + **一点**(비교의 의미: 좀 더 ~하다)
= 조금 더 ~하다

 稍微(조금) + **好**(좋다) + **一点**(좀 더 ~하다) + **了**(상태 변화의 어기)。
= 조금 더 괜찮아졌네. ▶ 좀 나아졌네.

我多放了一点盐，你尝尝。
Wǒ duō fàng le yìdiǎn yán, nǐ chángchang.
내가 소금 좀 더 넣었는데, 맛 봐봐.

嗯，稍微好一点了。
Ǹg, shāowēi hǎo yìdiǎn le.
응, 좀 나아졌네.

是吧? 准备好了再叫你。
Shì ba? Zhǔnbèi hǎo le zài jiào nǐ.
그렇지? 다 준비되면 부를게.

 주인공 발음 장착하기!

MP3 166

☐☐☐ 我多放了一点盐，你尝尝。

☐☐☐ 嗯，稍微好一点了。

☐☐☐ 是吧? 准备好了再叫你。

放 fàng 넣다 · 盐 yán 소금 · 尝 cháng 맛보다 · 稍微 shāowēi 조금 · 准备 zhǔnbèi 준비하다
· 再 zài ~하고 나서 · 叫 jiào 부르다

我再考虑考虑。

Wǒ zài kǎolǜ kǎolǜ.

고민을 좀 더 해 볼게.

 考虑考虑 = 좀 고려하다

 再(좀 더) + **考虑**(고려하다) = 좀 더 고려하다
→ 위의 문장에서는 2음절 동사인 **考虑**을 ABAB(**考虑考虑**) 형태로 중첩시켜 가벼운 마음으로 고민을 좀 더 해 보는 뉘앙스를 나타내고 있어요.

 我(주어) + **再**(부사) + **考虑考虑**(동사 중첩)。
= 나 고민을 좀 더 해 볼게. ▶ 고민 좀 해 볼게. (대화문 문맥상 '잘 생각해 볼게.'와 같이 자연스럽게 해석 가능해요.)

你能陪我去北京玩儿吗?
Nǐ néng péi wǒ qù běijīng wánr ma?
(너) 나랑 같이 북경에 놀러 갈 수 있어?

我最近比较忙,但我再考虑考虑吧。
Wǒ zuìjìn bǐjiào máng, dàn wǒ zài kǎolǜ kǎolǜ ba.
요즘 좀 바쁘긴 한데, 그래도 잘 생각해 볼게.

好呀好呀,很想跟你一起去。
Hǎo ya hǎo ya, hěn xiǎng gēn nǐ yìqǐ qù.
좋아 좋아, 정말 너랑 같이 가고 싶다.

 주인공 발음 장착하기!

MP3 168

☐☐☐ 你能陪我去北京玩儿吗?

☐☐☐ 我最近比较忙,但我再考虑考虑吧。

☐☐☐ 好呀好呀,很想跟你一起去。

玩儿 wánr 놀다 · 比较 bǐjiào 비교적 · 忙 máng 바쁘다 · 但 dàn 그러나

原来是这样。

Yuánlái shì zhèyàng.

아 그렇구나. (그랬구나.)

 原来是这样 = 아 그렇구나

 原来 = 알고 보니, 원래, 본래

 原来(알고 보니) + 是(~이다) + 这样(이러하다)。

= 알고 보니 그런 거였구나. ▶ 아 그렇구나. (대화문 맥락상 자연스럽게 '그랬구나.'와 같이 해석할 수 있어요.)

→ 몰랐던 사실, 새로운 상황을 알게 되었을 때 사용해요.

你昨天为什么没来上课?
Nǐ zuótiān wèishénme méi lái shàngkè?
너 어제 왜 수업 안 왔어?

我昨天生病了。
Wǒ zuótiān shēngbìng le.
나 어제 아팠어.

 原来是这样，那现在好点儿了吗?
Yuánlái shì zhèyàng, nà xiànzài hǎo diǎnr le ma?
그랬구나, 지금은 좀 괜찮아졌어?

📢 주인공 발음 장착하기!   MP3 170

☐☐☐   你昨天为什么没来上课?

☐☐☐   我昨天生病了。

☐☐☐   原来是这样，那现在好点儿了吗?

昨天 zuótiān 어제 · 为什么 wèishénme 왜 · 上课 shàngkè 수업하다 · 生病 shēngbìng 병이 나다 · 原来 yuánlái 알고 보니

这么巧啊。

Zhème qiǎo a.

이게 웬일이야.

 这么巧啊 = 이게 웬일이야

 这么(이렇게) + **巧**(공교롭다)

= 이렇게 공교롭다니 ▶ 이게 웬일이야

 这么(부사어) + **巧**(형용사) + **啊**(감탄을 나타냄)!

= 이게 왠일이야!

→ 생각지도 못한 일이 일어났을 때 쓸 수 있는 표현이에요. 대화문에
서는 맥락상 생각지도 못한 곳에서 공교롭게 누군가와 마주쳐서 놀
람 섞인 반가움의 뉘앙스를 나타내고 있어요. '널 여기서 만날 줄은
몰랐다'는 의미를 내포하고 있어요.

这么巧啊，你也在这儿啊。
Zhème qiǎo a, nǐ yě zài zhèr a.
이게 웬일이야, 너도 여기 있었네(널 여기서 만날 줄이야).

我约了朋友。
Wǒ yuē le péngyou.
친구와 약속이 있어서.

改天有时间咱们一起吃饭，怎么样?
Gǎitiān yǒu shíjiān zánmen yìqǐ chīfàn, zěnmeyàng?
다음에 시간 되면 우리 같이 밥 먹을래?

 주인공 발음 장착하기!　　MP3 172

☐☐☐ 这么巧啊，你也在这儿啊。

☐☐☐ 我约了朋友。

☐☐☐ 改天有时间咱们一起吃饭，怎么样?

巧 qiǎo 공교롭다 · 约 yuē 약속하다 · 改天 gǎitiān 다음에 · 咱们 zánmen 우리들

我心里有数。

Wǒ xīnli yǒushù.

나한테 다 생각이 있어.

 心里有数 = 생각이 있다

 心里(마음속에) + **有数**(속셈이 있다)

= 마음속에 속셈(계획)이 있다 ▶ (내심 다) 생각이 있다

 我(나) + **心里**(마음속에) + **有数**(속셈이 있다)。

= 내가 계획이 있어. ▶ 나한테 다 생각이 있어.

→ 대화문 맥락상 '자신 있게 문제를 해결할 수 (있는 방법/계획이) 있
다'는 뉘앙스를 나타내요.

现在是旺季，都买不到飞机票。
Xiànzài shì wàngjì, dōu mǎibudào fēijīpiào.
지금 성수기라서 비행기표를 살 수가 없네.

你不用担心，我心里有数。
Nǐ búyòng dānxīn, wǒ xīnli yǒushù.
걱정 마, 나한테 생각이 다 있어.

 那就交给你了。
Nà jiù jiāo gěi nǐ le.
그럼 너한테 맡길게.

📢 주인공 발음 장착하기!　　　　　　　　　MP3 174

☐☐☐　现在是旺季，都买不到飞机票。

☐☐☐　你不用担心，我心里有数。

☐☐☐　那就交给你了。

旺季 wàngjì 성수기 · 买不到 mǎibudào 살 수 없다, 손에 넣을 수 없다 · 担心 dānxīn 걱정하다 · 有数 yǒushù 속셈이 있다

出来透透气。

Chūlái tòutou qì.

바람 쐬러 나왔어.

 透透气 = 바람을 좀 쐬다
→ '동사(透) + 목적어(气)'의 형태로 이루어진 '이합동사'는 중첩하려
면 'AB → AAB'의 형태인 **透透气**와 같이 동사 부분만 중첩을 하면
됩니다.

 出来(나오다) + **透透气**(바람 좀 쐬다)**。**
= 바람 좀 쐬러 나왔어.
→ 대화문 맥락상 '기분 전환 할 겸 나왔다'는 의미를 내포하고 있어요.

你在这儿干吗呢？
Nǐ zài zhèr gànmá ne?
너 여기서 뭐 해?

出来透透气。
Chūlái tòutou qì.
바람 쐬러 나왔어.

你有什么心事吗？我陪你聊聊。
Nǐ yǒu shénme xīnshì ma? Wǒ péi nǐ liáoliao.
뭐 걱정거리 있어? 내가 얘기 들어줄게.

📢 주인공 발음 장착하기!

MP3 176

☐☐☐ 你在这儿干吗呢？

☐☐☐ 出来透透气。

☐☐☐ 你有什么心事吗？我陪你聊聊。

透气 tòuqì 숨을 내쉬다 · **什么** shénme 무엇이나, 무엇이든지, 불확정적인 것을 나타냄 · **心事** xīnshi 걱정거리 · **聊** liáo 한담하다, 잡담하다

你刚才说什么来着?

Nǐ gāngcái shuō shénme láizhe?

너 방금 뭐라고 했더라?

 说什么来着 = 뭐라고 했더라

 来着 = ~을 하고 있었다, ~이었다

→ 문미에 붙어 이미 일어난 행위나 일에 대해서 회상하는 기분을 나타
내며, 의문문과 평서문에 모두 쓰일 수 있어요.

 你(너) + **刚才**(방금) + **说**(말하다) + **什么**(무엇) + **来着**(회상의 어기)?

= 너 방금 뭐라고 (말)했더라?

你刚才说什么来着?

Nǐ gāngcái shuō shénme láizhe?

너 방금 뭐라고 했더라?

我说，他辞职了。

Wǒ shuō, tā cízhí le.

그 사람이 회사 그만뒀다고 했어.

真的假的? 那么好的公司。

Zhēnde jiǎde? Nàme hǎo de gōngsī.

진짜야? 그렇게 좋은 회사를.

📢 주인공 발음 장착하기!

MP3 178

◯◯◯　你刚才说什么来着?

◯◯◯　我说，他辞职了。

◯◯◯　真的假的? 那么好的公司。

刚才 gāngcái 방금 · 来着 láizhe ～을 하고 있었다. ～이었다 · 辞职 cízhí 사직하다 · 真的 zhēnde 참으로. 정말로 · 假的 jiǎde 가짜의

你确定?

Nǐ quèdìng?

확실해?

 你确定? = 너 확실해?

 确定 = 확정적이다, 명확하다, 확실히 하다

→ '确定? (확실해?)'와 같이 단독으로 쓸 수 있으며, 또한 '你确定他不喜欢你吗? (걔가 너 안 좋아하는 거 확실해?)'와 같이 문장을 목적어로 취할 수도 있어요.

 你(너) + 确定(확실하다)? = (너) 확실해?

→ 상대방 뜻이 확고한지 물어볼 때 쓸 수 있으며, 평서문의 끝부분 억양을 올려서 말하면 의문문으로 표현됩니다.

我要跟他分手。
Wǒ yào gēn tā fēnshǒu.
나 걔랑 헤어질 거야.

你确定?
Nǐ quèdìng?
확실해?

我这次要彻底跟他结束。
Wǒ zhècì yào chèdǐ gēn tā jiéshù.
나 이번엔 진짜로 걔랑 끝낼 거야.

📢 주인공 발음 장착하기!   MP3 180

☐☐☐   我要跟他分手。

☐☐☐   你确定?

☐☐☐   我这次要彻底跟他结束。

要 yào ~하려고 한다 · 确定 quèdìng 확실하다 · 彻底 chèdǐ 철저히 · 结束 jiéshù 끝나다

① 他最近总是_____，怎么办?

걔 요즘 계속 내 전화를 안 받아, 어떡하지?

我_____一个办法。②

나 방법이 생각났어(좋은 생각이 있어).

 ③ 吃了你们家的东西，我_____肚子。

여기 요리 먹고 (저) 배탈 났어요.

对不起，这件事我一定会_____的。④

죄송합니다, 이 일은 제가 반드시 잘 해결하도록 하겠습니다.

 ⑤ 我_____一点盐，你尝尝。

내가 소금 좀 더 넣었는데, 맛 봐봐.

嗯，稍微_____。⑥

응, 좀 나아졌네.

 ⑦ 你能_____去北京玩儿吗?

(너) 나랑 같이 북경에 놀러 갈 수 있어?

我最近比较忙，但我再_____吧。⑧

요즘 좀 바쁘긴 한데, 그래도 잘 생각해 볼게.

 ⑨ 你昨天为什么_____?

너 어제 왜 수업 안 왔어?

我昨天_____。⑩

나 어제 아팠어.

---

① 不接我电话 ② 想到 ③ 吃坏了 ④ 解决好 ⑤ 多放了

⑥ 好一点了 ⑦ 陪我 ⑧ 考虑考虑 ⑨ 没来上课 ⑩ 生病了

⑪ _____, 你也在这儿啊。

이게 웬일이야, 너도 여기 있었네(널 여기서 만날 줄이야).

改天有时间_____，怎么样? ⑫

다음에 시간 되면 우리 같이 밥 먹을래?

⑬ 现在是旺季，都_____飞机票。

지금 성수기라서 비행기표를 살 수가 없네.

你不用担心，我_____。⑭

걱정 마, 나한테 생각이 다 있어.

⑮ 你在这儿_____?

너 여기서 뭐 해?

出来_____。⑯

바람 쐬러 나왔어.

⑰ 你刚才说什么_____?

너 방금 뭐라고 했더라?

我说，_____。⑱

그 사람이 회사 그만뒀다고 했어.

⑲ 我这次要_____跟他结束。

나 이번엔 진짜로 걔랑 끝낼 거야.

_____? ⑳

확실해?

⑪ 这么巧啊 ⑫ 咱们一起吃饭 ⑬ 买不到 ⑭ 心里有数 ⑮ 干吗呢
⑯ 透透气 ⑰ 来着 ⑱ 他辞职了 ⑲ 彻底 ⑳ 你确定

DRAMA

SCENE 091~100

학습 완료
CHECK!
▼

091   092   093   094   095

可不是嘛。

Kě búshì ma.

그러게 말이야.

 可不是嘛 = 그러게 말이야, 그러니까(강한 긍정)

 可(반문의 어기) + 不是(아니다) + 嘛(사실/당연함을 강조하는 어기)。

= 그러게 말이야, 그러니까

→ 상대방의 관점이나 견해에 동의할 때 쓸 수 있는 표현이에요. 일상
회화에서 맥락에 따라 '누가 아니라니. / 네 말이 맞아. / 당연하지.'
와 같이 자연스럽게 해석될 수 있어요.

这家店的东西很全。
Zhè jiā diàn de dōngxi hěn quán.
이 상점엔 없는 게 없어.

可不是嘛，所以我也经常来这儿买。
Kě búshì ma, suǒyǐ wǒ yě jīngcháng lái zhèr mǎi.
그러니까 말이야, 그래서 나도 여기에서 자주 사.

价格也很合理，咱们下次还来这吧。
Jiàgé yě hěn hélǐ, zánmen xiàcì hái lái zhè ba.
가격도 합리적이야, 다음에 또 오자.

📢 주인공 발음 장착하기!

MP3 182

⬜⬜⬜ 这家店的东西很全。

⬜⬜⬜ 可不是嘛，所以我也经常来这儿买。

⬜⬜⬜ 价格也很合理，咱们下次还来这吧。

家 jiā 가게를 세는 양사 · 店 diàn 가게 · 全 quán 모두 갖추다. 완비하다 · 价格 jiàgé 가격 ·
合理 hélǐ 합리적이다

话说回来。

Huà shuō huílái.

그나저나.

 话说回来 = 그나저나

 话(말) + **说**(말하다) + **回来**(돌아오다)。

= 그나저나(그러나저러나). / 그건 그렇고(그것은 그렇다 치고).

→ 이야기를 하다가 잠깐 삼천포로 빠졌을 때 화제를 원래대로 돌려놓
고자 할 때나 지금까지의 이야기와는 별로 상관없이 여담으로 화제
를 전환할 때 사용할 수 있는 표현이에요.

话说回来，什么时候请我们喝喜酒啊？
Huà shuō huílái, shénme shíhou qǐng wǒmen hē xǐjiǔ a?
그나저나 너희 둘이 언제 결혼해?

毕业之后吧。
Bìyè zhīhòu ba.
졸업하고 나서 (하겠지).

那还有两年。
Nà hái yǒu liǎngnián.
그럼 2년 더 남았네.

 주인공 발음 장착하기!   MP3 184

☐☐☐   话说回来，什么时候请我们喝喜酒啊？

☐☐☐   毕业之后吧。

☐☐☐   那还有两年。

喝喜酒 hē xǐjiǔ 결혼 축하주를 마시다. 국수를 먹다   **毕业** bìyè 졸업하다   **之后** zhīhòu 이후
还 hái 또, 더 (항목 또는 수량이 증가하거나 범위가 확대되는 것을 나타냄)   **两年** liǎngnián 2년

想都別想。

Xiǎng dōu bié xiǎng.

생각도 하지 마. (꿈도 꾸지 마.)

 想都別想 = 생각도 하지 마, 꿈도 꾸지 마

 동사 + 都 + 別(不要) + 동사

= ~조차도 하지 마라

 想(생각하다) + 都(~조차도) + 別(~하지 마라) + 想(생각하다)。

= 생각조차도 하지 마라. ▶ 꿈도 꾸지 마.

→ 대화문 맥락상 상대에게 터무니없다는 뉘앙스로 '현실을 자각하라.
  / 꿈도 크다.'와 같이 자연스럽게 해석할 수 있어요.

我今年的目标是挣5000万。
Wǒ jīnnián de mùbiāo shì zhèng wǔqiān wàn.
내 올해 목표는 5000만 원 버는 거야.

你每天花那么多钱，想都别想。
Nǐ měitiān huā nàme duō qián, xiǎng dōu bié xiǎng.
너 맨날 돈을 그렇게 쓰면서, 꿈도 크다.

你可别小看我。
Nǐ kě bié xiǎokàn wǒ.
나 얕보지 마라.

📢 주인공 발음 장착하기!

MP3 186

☐☐☐ 我今年的目标是挣5000万。

☐☐☐ 你每天花那么多钱，想都别想。

☐☐☐ 你可别小看我。

今年 jīnnián 올해 · **目标** mùbiāo 목표 · **挣** zhèng 일하여 벌다 · **每天** měitiān 매일 · **花钱** huā qián 돈을 쓰다 · **可** kě 강조를 나타냄 · **小看** xiǎokàn 얕보다, 깔보다

你干吗这样啊。

Nǐ gànmá zhèyàng a.

너 왜 이러는 거야.

干吗 + 술어 = 왜 ~하는 거야

干吗(무엇 때문에, 어째서, 왜) + 这样(이렇게, 이렇다)

= 왜 이렇게 해, 왜 이러는 거야

你(너) + 干吗(왜) + 这样(이렇게, 이렇다) + 啊(의문의 어기)。

= 너 왜 이렇게 하는 거야. ▶ 너 왜 이러는 거야.

你干吗这样啊，不像你。
Nǐ gànmá zhèyàng a, búxiàng nǐ.
너 왜 이러는 건데, 너 같지 않게.

我最近压力太大了，想吃辣的了。
Wǒ zuìjìn yālì tài dà le, xiǎng chī là de le.
나 요즘 너무 스트레스 받아서, 매운 거 먹고 싶었어.

好吧，不要吃太多了，对身体不好。
Hǎo ba, búyào chī tài duō le, duì shēntǐ bù hǎo.
그래, 너무 많이 먹지는 마, 건강에 안 좋으니까.

주인공 발음 장착하기!

MP3 188

▢▢▢ 你干吗这样啊，不像你。

▢▢▢ 我最近压力太大了，想吃辣的了。

▢▢▢ 好吧，不要吃太多了，对身体不好。

不像 búxiàng ～같지 않다 ・ 压力 yālì 스트레스 ・ 辣的 là de 매운 거 ・ 对 duì ～에

不至于吧。

Búzhìyú ba.

그럴 정도까지는 아니지 않나.

 不至于吧 = 그럴 정도까지는 아니지 않나

 단독으로 써서 '**不至于吧** = 그럴 정도까지는 아니지 않나' 라고 하거나, 동사구 앞에 써서 '**不至于这么生气吧** = 이렇게 화 낼 정도까지는 아니지 않나' 라고 할 수 있어요.

 不(아니다) + **至于**(~의 정도에 이르다, ~할 지경이다) + **吧**(추측의 어기)。
= 그럴 정도까지는 아니지 않나.(그 정도까지는 아니겠지.)
→ 대화문의 맥락상 화자가 보기에 '그 행동은 지나친 것 같다'는 의미가 내포되어 있어요.

我昨天跟她说话，她都不理我。
Wǒ zuótiān gēn tā shuōhuà, tā dōu bù lǐ wǒ.
내가 어제 걔한테 말을 걸었는데, 날 거들떠도 안 봐.

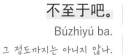 不至于吧。
Búzhìyú ba.
그 정도까지는 아니지 않나.

 对啊，我也不知道她怎么了。
Duì a, wǒ yě bù zhīdào tā zěnme le.
그니까, 나도 걔가 왜 그러는지 모르겠어.

📢 주인공 발음 장착하기!

MP3 190

⬜⬜⬜ 我昨天跟她说话，她都不理我。

⬜⬜⬜ 不至于吧。

⬜⬜⬜ 对啊，我也不知道她怎么了。

吵架 chǎojià 말다툼하다 · 都 dōu 심지어 · 不至于 búzhìyú ～에 이르지 못하다. ～까지는 안 되다
· 吧 ba 문장 끝에 쓰여 추측의 어기를 나타냄

这算什么。

Zhè suàn shénme.

이게 뭐라고. (별거 아니야.)

 这算什么 = 이게 뭐라고

 算 = ~라고 여겨지다, ~인 셈이다, 간주하다

 위의 문장은 **这不算什么**와 같은 의미예요.

- **这**(이거) + **不算**(~인 셈이 아니다) + **什么**(불특정한 것을 의미)

= 이것은 아무것도 아니야

 这(이것) + **算**(~인 셈이다) + **什么**(불특정한 것을 의미)。

= 이게 뭐라고. (별거 아니야.) → 대화문 맥락상 '대수로운 게 아니다'
라는 의미를 내포하여 '뭘 그런 걸 갖고 (칭찬하기는). / 아무것도 아
니야.'와 같은 뉘앙스를 나타내요.

你的中文怎么这么好啊，好厉害！
Nǐ de zhōngwén zěnme zhème hǎo a, hǎo lihai!
너 중국어 왜 이렇게 잘해, 짱이다!

这算什么。
Zhè suàn shénme.
이게 뭐라고. (별거 아니야.)

那你教教我呗。
Nà nǐ jiāo jiao wǒ bei.
그럼 나 좀 가르쳐 줘 봐.

 주인공 발음 장착하기!

MP3 192

☐☐☐ 你的中文怎么这么好啊，好厉害！

☐☐☐ 这算什么。

☐☐☐ 那你教教我呗。

中文 zhōngwén 중국어 · 厉害 lihai 대단하다 · 算 suàn ~인 셈이다 · 教 jiāo 가르치다

怎么可能**啊**。

Zěnme kěnéng **a.**

그럴 리가.

 怎么可能 = 그럴 리가

 '**怎么可能** = 그럴 리가'와 같이 단독으로 쓸 수도 있고, '**他怎么可能 不来** = 그가 어떻게 안 올 수 있겠어'와 같이 동사구와 함께 쓸 수도 있 어요.

 怎么(어째서, 어떻게) + **可能**(가능하다)?

= 어찌 가능하겠어? ▶ 그럴 리가.

→ 어떤 사실이나 상황이 믿기지 않을 때 사용할 수 있어요.

现在下雪了。
Xiànzài xiàxuě le.
지금 눈이 와.

怎么可能啊，现在是4月份。
Zěnme kěnéng a, xiànzài shì sì yuè fèn.
그럴 리가, 지금 4월인데.

我没骗你，你到外面去看看。
Wǒ méi piàn nǐ, nǐ dào wàimian qù kànkan.
진짜야(나 너 안 속였어), 네가 나가서 한번 봐봐.

📢 주인공 발음 장착하기!　　　　　　　　　　　MP3 194

☐☐☐　现在下雪了。

☐☐☐　怎么可能啊，现在是4月份。

☐☐☐　我没骗你，你到外面去看看。

下雪 xiàxuě 눈이 내리다 · 份 fèn 전체 중의 일부분 · 骗 piàn 속이다 · 到 dào ~로
外面 wàimian 바깥

別提了。

Bié tí le.

말도 마.

 別提了 = 말도 마

 別 + 동사/형용사 + (了) = ~하지 마
→ **了**를 함께 써서 강한 명령조의 어감보다는 부드럽고 완곡한 어감
(~하지 마라 → ~하지 마)을 나타내요.

 別(~하지 마) + **提**(말하다, 말을 꺼내다) + **了。**
= 말도 (꺼내지) 마.
→ 대화문 맥락상 어떤 사실이나 현상(다이어트를 하고 있는데, 1kg도
안 빠진 사실)에 대해 '어이가 없어서 말도 안 나온다(기가 차다)'는
의미를 내포하고 있어요.

你最近减肥减得怎么样啊?
Nǐ zuìjìn jiǎnféi jiǎn de zěnmeyàng a?
너 요즘 다이어트 잘 하고 있어?

别提了，一公斤都没瘦下来。
Bié tí le, yì gōngjīn dōu méi shòu xiàlái.
말도 마, 1kg도 안 빠졌어.

你是不是每天都吃夜宵啊?
Nǐ shì bu shì měitiān dōu chī yèxiāo a?
너 매일 야식 먹는 거 아니야?

📢 주인공 발음 장착하기!   MP3 196

▢▢▢   你最近减肥减得怎么样啊?

▢▢▢   别提了，一公斤都没瘦下来。

▢▢▢   你是不是每天都吃夜宵啊?

减肥 jiǎnféi 다이어트 · 一公斤 yì gōngjīn 1kg · 瘦下来 shòu xiàlái 살이 빠지다 · 夜宵 yèxiāo 야식

我看还是算了吧。

Wǒ kàn háishi suàn le ba.

내가 보기에는 그만두는 게 나을 것 같아.

 还是算了吧 = 그만두는 게 좋을 것 같아

 还是~吧 = ~하는 편이 좋겠어 / 算 = 그만두다

 我看(내가 보기에) + 还是(~하는 편이 좋다) + 算了(그만둬) + 吧(권유의 어기)。

= 내가 보기에는 그만두는 게 나을 것 같아.

→ 대화문 맥락상 잃어버린 가방을 더 이상 찾지 말고 '내버려두는(그만 찾는) 게 좋을 것 같아' ▶ '신경쓰지 않는 게 좋을 것 같아'라는 뉘앙스를 나타내요.

我的书包不见了，不知道放哪儿了。
Wǒ de shūbāo bújiàn le, bù zhīdào fàng nǎr le.
내 가방 어디갔지, 어디에 뒀는지 모르겠어.

你好好找一找。
Nǐ hǎohāo zhǎo yi zhǎo.
잘 찾아 봐.

我看还是算了吧，再买一个。
Wǒ kàn háishi suàn le ba, zài mǎi yí ge.
내가 보기엔 내버려두는 게 좋을 것 같아, 다시 하나 사지 뭐.

📢 **주인공 발음 장착하기!**

MP3 198

☐☐☐　我的书包不见了，不知道放哪儿了。

☐☐☐　你好好找一找。

☐☐☐　我看还是算了吧，再买一个。

书包 shūbāo 가방 · 放 fàng 두다, 놓다 · 好好 hǎohāo 잘 · 找 zhǎo 찾다 · 再 zài 다시 ·
买 mǎi 사다

已经来不及了.

Yǐjing láibují le.

이미 늦었어.

来不及了 = 늦었어

已经~了 = 이미 ~이다 / 来不及 = ~할 시간이 없다
→ 来不及는 단독으로 쓰거나 '来不及吃饭 = 밥 먹을 겨를이 없다'와
  같이 동사구를 목적어로 가질 수도 있어요.

已经(이미) + 来不及(~할 시간이 없다) + 了(새로운 상황의 출현)。
= 이미 시간이 없어. ▶ 이미 늦었어.

你快点儿，快赶不上末班车了。
Nǐ kuài diǎnr, kuài gǎnbushàng mòbānchē le.
빨리 서둘러, 막차 놓치겠다.

已经来不及了，我们打车回去吧。
Yǐjing láibují le, wǒmen dǎchē huíqù ba.
이미 늦었어, 우리 택시 타고 돌아가자.

好吧。那我们再喝一杯。
Hǎo ba. nà wǒmen zài hē yì bēi.
그래. 그럼 우리 한 잔 더 마시자.

📢 주인공 발음 장착하기!　　　　　　MP3 200

◻◻◻　你快点儿，快赶不上末班车了。

◻◻◻　已经来不及了，我们打车回去吧。

◻◻◻　好吧。那我们再喝一杯。

快~了 kuài ~ le 곧 ~이다 · 赶不上 gǎnbushàng 시간을 맞추지 못하다 · 末班车 mòbānchē 막차 · 打车 dǎchē 택시를 타다 · 一杯 yì bēi 한 잔

① 这家店的_____。
이 상점엔 없는 게 없어.

_____, 所以我也经常来这儿买。②
그러니까 말이야, 그래서 나도 여기에서 자주 사.

③ _____, 什么时候请我们喝喜酒啊?
그나저나 너희 둘이 언제 결혼해?

_____。④
졸업하고 나서 (하겠지).

⑤ 我今年的目标是_____。
내 올해 목표는 5000만 원 버는 거야.

你每天花那么多钱, _____。⑥
너 맨날 돈을 그렇게 쓰면서, 꿈도 크다.

⑦ 你_____, 不像你。
너 왜 이러는 건데, 너 같지 않게.

我最近压力_____, 想吃辣的了。⑧
나 요즘 너무 스트레스 받아서, 매운 거 먹고 싶었어.

⑨ 我昨天跟他说话, 他都_____。
내가 어제 걔한테 말을 걸었는데, 날 거들떠도 안 봐.

_____。⑩
그 정도까지는 아니지 않나.

① 东西很全 ② 可不是嘛 ③ 话说回来 ④ 毕业之后吧 ⑤ 挣5000万
⑥ 想都别想 ⑦ 干吗这样啊 ⑧ 太大了 ⑨ 不理我 ⑩ 不至于吧

⑪ 你的中文_____啊，好厉害!

너 중국어 왜 이렇게 잘해, 짱이다!

_____。⑫

이게 뭐라고. (별거 아니야.)

⑬ 现在_____。

지금 눈 와.

_____，现在是4月份。⑭

그럴 리가, 지금 4월인데.

⑮ 你最近减肥_____怎么样啊?

너 요즘 다이어트 잘 하고 있어?

_____，一公斤都没瘦下来。⑯

말도 마, 1kg도 안 빠졌어.

⑰ 你_____找一找。

잘 찾아 봐.

我看还是_____，再买一个。⑱

내가 보기엔 내버려두는 게 좋을 것 같아, 다시 하나 사지 뭐.

⑲ 你快点儿，快_____末班车了。

빨리 서둘러, 막차 놓치겠다.

已经_____，我们打车回去吧。⑳

이미 늦었어, 우리 택시 타고 돌아가자.

⑪ 怎么这么好 ⑫ 这算什么 ⑬ 下雪了 ⑭ 怎么可能啊 ⑮ 减得
⑯ 别提了 ⑰ 好好 ⑱ 算了吧 ⑲ 赶不上 ⑳ 来不及了

REVIEW & CHECK

100개
상황별 표현
총정리

REVIEW&CHECK

① 교재에서 배운 모든 표현들을 한눈에 훑어보며 복습해 보아요.
② 생각나지 않는 표현이 있을 경우 박스(□)에 체크 표시를 해둔 뒤
　표현이 나와 있는 페이지로 돌아가서 다시 복습해 보세요.

◀◀ SCENE 01~10

◀◀ SCENE 11~20

REVIEW&CHECK

◀◀ SCENE 31~40

REVIEW&CHECK

REVIEW&CHECK

◀◀ SCENE 71~80

REVIEW&CHECK

◀◀ SCENE 91~100

MEMO

MEMO

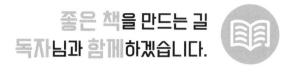

좋은 책을 만드는 길
독자님과 함께하겠습니다.

중국어덕후 현정쌤의 50일 드라마 중국어 말하기 [원어민 어감 살리기 편]

초 판 발 행	2022년 07월 22일
발 행 인	박영일
책 임 편 집	이해욱
저　　　자	박현정
편 집 기 획	최재미 · 심영미
표지디자인	이미애
편집디자인	임아람 · 박서희
발 행 처	시대인
공 급 처	(주)시대고시기획
출 판 등 록	제 10-1521호
주　　　소	서울시 마포구 큰우물로 75 [도화동 538 성지 B/D] 9F
전　　　화	1600-3600
팩　　　스	02-701-8823
홈 페 이 지	www.sdedu.co.kr
I S B N	979-11-383-2695-7(13720)
정　　　가	15,000원